THE SIMPLE WAY TO LEARN FRENCH

CALABAR - LAGOS - ABUJA - LONDON

JEAN-MARIE D'HARCOURT

All rights reserved.

Copyright © 2017 by Jean-Marie D'Harcourt

No part of this book may be reproduced or transmitted

in any form or by any means, electronic or mechanical,

including photocopying, recording, or by any information

storage and retrieval system, without permission in writing

from the publisher.

This edition contains the complete text

of the original hardcover edition.

NOT ONE WORD HAS BEEN OMITTED.

THE SIMPLEST WAY TO LEARN FRENCH

A Bad Creative Book / published by

arrangement with the author

BAD CREATIVE PUBLISHING HISTORY

Very Nigerian Problems published March 2016

La Manière Simple D'apprendre L'Anglais, published March 2017

UPCOMING WORKS

The Simplest Way To Learn Italian, 2018

Vol.2   Vol. 1

ALSO AVAILABLE IN

- AUDIO
- HARDCOVER
- E-BOOK FORMATS

#LearnFrench #TheSimplestWay #BadCreativ3

FOREWORD

While in school, we learnt stuff we probably don't use today. However, language is essential to almost every aspect of the human condition.

How do you expand your business beyond your continent for more sales? How are you going to express your love for that femme fatale that just walked past? How do you get directions to a hotel, from the Gare du Nord? With the knowledge of language, that's how.

This book contains a lexicon of some of the most used words in everyday French conversation. It makes use of the age old learning techniques of repetition and rote memorization, in an attempt to condition the brain for learning French as quickly as possible. In addition, an auxillary feature called story mode has been included to aid the reader in a test for comprehension.

Finally, it should be noted that while this book will aid in a visual recognition and comprehension of words in the French language, students must also have an understanding of their proper pronunciations. To help with this, there is an accompanying audiobook that will be made available, in order to enable listening lessons.

And so, from the beautiful city of Paris, the city of love and all things fashionable, we present to you, The Simplest Way To Learn French.

CONTENTS

- Chapter 1 - Basics
- Chapter 2 - Common Phrases
- Chapter 3 - Food
- Chapter 4 - Animals
- Chapter 5 - Plurals
  - Irregular plurals
- Chapter 6 - Verbs
  - Verbs - Present tense
  - Verbs - Infinitive
  - Verbs - Past imperfect
  - Verbs - Compound past
- Chapter 7 - Adverbs
- Chapter 8 - Demonstratives
- Chapter 9 - Clothing
- Chapter 10 - Colours
- Chapter 11 - Posession
- Chapter 12 - Conjunctions
- Chapter 13 - Questions
- Chapter 14 - Adjectives
- Chapter 15 - Pronouns
- Chapter 16 - Prepositions
- Chapter 17 - Numbers
- Chapter 18 - Family
- Chapter 19 - Date and time
- Chapter 20 - Occupations
- Chapter 21 - Negatives
- Chapter 22 - Household
- Chapter 23 - Objects
- Chapter 24 - Places
- Chapter 25 - People
- Chapter 26 - Directions
- Chapter 27 - Feelings
- Chapter 28 - Abstracts
- Chapter 29 - Communication
- Chapter 30 - Reflexives
- Contact Info

How to use this book

1. This line is the training line (or T-Line if you prefer)

TRAINING TIME

It represents the end of a set of 25 words to memorize, or the end of a story.

2. You are required to cover the right side of the book & attempt to translate the left side, off hand.
3. Each correct translation carries 1 point. Words after the T-line are bonuses.
4. Do not proceed to the next batch until you have scored twenty-five points
5. The story modes are designed to help you understand the usage of the words in sentences, so be sure to score high on the training, in order to fully comprehend the stories.
6. For those who have got the audiobook, please pause the audio and listen to the pronunciation guide, then playback after writing down the correct answers.

Now that you know the rules, Let's start with the basics.

Chapter 1

BASICS

Keywords : La fille, le garçon, je suis, une, femme, un, homme, est, pomme, rouge, vous, êtes, riche, enfants, mangez, mange, orange, elle, elle, chat, noir, habillez, a, et, calme, nous, hommes, sont, riches, calme, j'aime, j'écris, livre, lettre, rouge, vous, mangez, ayez, ayez, mangez, écrits, filles, garçons, lire, manger, enfants, femmes.

The boy	Le garçon
The girl	La fille
A girl	Une fille
The woman	La femme
A boy	Un garçon
I am a boy	je suis un garçon
The man	L'homme
The apple	La pomme
I am red	Je suis rouge
I am rich	Je suis riche
The man, The woman	L'homme, La femme
The girl is rich	La fille est riche
You are a girl	Tu es une fille
You are a boy	Tu es un garçon
An apple	Une pomme
An orange	Une orange
I eat	Je mange
He is rich	Il est riche
The girl is a child	La fille est un enfant
You eat	Tu manges
The girl eats	La fille mange
You eat an orange	Tu manges une orange
He eats an apple	Il mange une pomme

It is red — Il est rouge
The cat — La chatte

TRAINING TIME

The dress — La robe
He has a child — Il a un enfant
She eats an orange — Elle mange une orange
An apple and an orange — Une pomme et une orange
He is calm — Il est calme
A black cat — Un chat noir
I am calm — Je suis calme
The dress is red — La robe est rouge
A cat — Un chat
She eats — Elle mange

The men — Les hommes
We are rich — Nous sommes riches
We are calm — Nous sommes calmes
The men are rich — Les hommes sont riches

The men are calm — Les hommes sont calmes

The boy and the girl are calm — Le garçon et la fille sont calmes
We are a boy and a girl — Nous sommes un garçon et une fille

The men are calm and rich — Les hommes sont calmes et riches
The dresses — Les robes
The book — Le livre
The dresses are red — Les robes sont rouges
The letter — La lettre
I am writing a letter — J'écris une lettre
A book — Un livre
The book is black — Le livre est noir

TRAINING TIME

The book and the letter are red	Le livre et la lettre sont rouges
We have a dress	Nous avons une robe
We are eating an apple	Nous mangeons une pomme
You are a woman	Vous êtes une femme
You have a letter	Vous avez une lettre
You eating an orange	Vous mangez une orange
We have a cat	Nous avons un chat
You are eating an apple	Vous mangez une pomme
We are eating an orange	Nous mangeons une orange
You are calm	Vous êtes calmes
We eat	Nous mangeons
You have a book	Vous avez une livre
The menu	Le menu
The books	Les livres
We are reading a book	Nous lisons un livre
The newspaper	Le journal
They are red	Elles sont rouges
He is reading a book	Il lit un livre
They are rich and calm	Ils sont riches et calmes
The menu	Le menu
They are rich	Ils sont riches
We are reading	Nous lisons
The woman is reading a letter	La fille lit une lettre
They are calm	Elles sont calmes

TRAINING TIME

They are eating	Ils mangent
The children	Les enfants

They write the letter	Elles écrivent la lettre
They read the newspaper	Ils lisent le journal
The boys are calm	Les garçons sont calmes
They are writing a letter	Ils écrivent une lettre
They eat	Ils mangent

STORY MODE

FRENCH

Il était une fois, il y avait un garçon nommé Niko. Niko aimait manger et faire des promenades dans le parc où il était calme et tranquille. Un jour, il était sur le chemin du parc quand il a vu une fille en robe rouge, et un homme avec un chat noir à quelques mètres d'elle. La jeune fille avait un panier d'oranges et mangeait une pomme en regardant l'homme jouer avec son chat.

"C'est une jolie robe, il faut être riche", a déclaré Niko, dès qu'il s'est approché.

"Merci", dit-elle avec un sourire.

"J'ai beaucoup de robes rouges comme ça. Mais je ne suis pas riche. Elle est" a déclaré la fille en montrant une femme à côté de l'homme avec le chat.

"Désolé, mon erreur. Je suis Niko, et vous êtes?"

"Michelle, ravie de vous rencontrer"

"J'aime ce nom, je l'écrirai dans ma tête et mon cœur pour toujours", at-il dit.

ENGLISH

Once upon a time, there was a boy named Niko. Niko liked to eat and take walks in the park where it was calm and quiet. One day, he was on the way to the park when he saw a girl in a red dress, and a man with a black cat a few meters away from her. The girl had a basket of oranges, and was eating an apple as she watched the man play with his cat.

"That is a nice dress, you must be rich" said Niko, as soon he got close.

"Thank you" she said with a smile.

"I have many red dresses like this. But I am not rich. She is." the girl said, while pointing at a woman beside the man with the cat.

"Sorry, my mistake. I am Niko, and you are?"

"Michelle, pleased to meet you"

"I like that name, I will write it in my head and heart forever" he said.

Chapter 2

COMMON PHRASES

Keywords : Non, oui, merci, bonjour, au revoir, bonjour, pardon, au revoir, s'il vous plaît, s'il vous plait, bienvenue, d'accord, comment ça va, bien, demain, bon nuit, rien, merci beaucoup.

Thanks	Merci
Good morning	Bonjour
No	Non
Yes	Oui
Good morning, how are you?	Bonjour, ça va?
Yes, thank you	Oui, merci
Yes, I am a man	Oui, je suis un homme
Bye	Salut
Pardon	Pardon
There is a boy	Il y a un garçon
Thank you and good bye	Merci et au revoir
Yes, please	Oui s'il vous plaît
Hi! Patrice	Salut! Patrice
Yes, pardon me	Oui, pardon
There is an apple	Il y'a une pomme
No, please	S'il vous plait, non
See you later	À plus tard
Agreed	D'accord
Are you doing well	Ça va bien?
Goodbye and see you tomorrow	Au revoir et à demain
Good morning and welcome	Bonjour et bienvenue
Good morning, how are you	Bonjour comment ça va
I am well/fine	Je vais bien / Ça va bien

Okay	D'accord
Good evening	Bonsoir

TRAINING TIME

Sorry	Desole
Yes, thanks a lot	Oui, merci beaucoup
Good night	Bonne nuit
Thank you very much	Merci beaucoup
Good evening, how is it going	Bonsoir, comment ça va?
See you soon	À bientôt
He is sorry	Il est désolé
Good bye and good night	Au revoir et bonne nuit
You're welcome	De rien
About	De la

STORY MODE

FRENCH

"Pardon moi, bonjour et bonne soirée"

"Salut comment allez-vous"

"Je vais bien, merci"

"Est-ce que ça va bien si je demande quelque chose?"

"Oui, s'il vous plaît, continuez."

"Merci beaucoup. Serez-vous ici avec le chat demain?"

"Non"

"C'est bon, merci encore."

"De rien"

"Bonne nuit"

"Au Revoir"

ENGLISH

"Pardon me, hello and good evening"

"Hello how are you"

"I am fine, thank you"

"Is it ok if I ask something?"

"Yes please, proceed."

"Thank you very much. Will you be here with the cat tomorrow?"

"No"

"Its ok, thanks again."

"You're welcome"

"Good night"

"Good bye"

Chapter 3

FOOD

Keywords : Boisson, riz, pain, vin, lait, bière, viande, tomate, sandwich, baguette, soupe, fraise, bois, Eau, alcool, oignon, oeuf, salade, cuisine, boisson, crêpe, repas, nourriture, banane, fromage, bonbon, poisson, carotte, sel, sucre, poivre, poulet, porc, gâteau, huile, citron, chocolat, confiture, boeuf, jus de raisin.

The soup	La soupe
The milk	Le lait
The wine	Le vin
The meat	La viande
I am eating a baguette	Je mange une baguette
The strawberry	La fraise
The sandwich	Le sandwich
The girl is eating some soup	La fille mange de la soupe
She is eating a sandwich	Elle mange un sandwich
The men are eating a strawberry	Les hommes mangent une fraise
We are eating a sandwich	Nous mangeons un sandwich
He has a strawberry	Il a une fraise
The children are eating some soup	Les enfants mangent de la soupe
You are eating a baguette	Tu manges la baguette
The girl is eating soup	La fille mange de la soupe
The egg	L'oeuf
The water	L'eau
I am drinking	Je bois
The alcohol	L'alcool

The salad	Une salade
I drink water	Je bois de l'eau
I am eating a salade	Je mange une salade
The man eats the egg	L'homme mange l'oeuf
He is eating an egg	Il mange un l'oeuf
We are eating a salad	Nous mangeons un salade

TRAINING TIME

PART B

He has some wine	Il a du vin
The bread	Le pain
The rice	Le riz
They are drinking wine	Ils boivent du vin
A loaf of bread	Une tranche de pain
You eat some rice	Vous mangez du riz
The milk and the water	Le lait et l'eau
They are drinking wine	Ils boivent du vin
The boys are drinking some milk	Les garçons boivent du lait
We are eating rice	Nous mangeons du riz
The meal	Le repas
The tea	Le thé
I am eating the crepe	Je mange le crêpe
The butter	Le beurre
The coffee	Le café
A man cooks	Un homme Cuisine
The drink is red	La boisson est rouge
We are eating the butter	Nous mangeons du beurre
The women are drinking some tea	Les femmes boivent du thé
The cheese	Le fromage
The carrot	La carotte
The cheese and the bread	Le fromage et le pain

The fish	Le poisson
The candy	Le bonbon
The candy is red	Le bonbon est rouge

TRAINING TIME

The fish and the rice	Le poisson et le riz
I eat fish	Je mange du poisson
The men eat some cheese	Les hommes mangent du fromage
You are eating a carrot	Vous mangez une carotte
We are eating cheese	Nous mangeons du fromage
The fish and the rice	Le poisson et le riz
The pepper	Le poivre
The sugar	Le sucre
I eat some bread with some cheese	Je mange du pain avec du fromage
The pork	Le porc
The cake	Le gâteau
The pepper is black	Le poivre est noir
You eat pork and bread	Tu mangez du porc et du pain
We are eating a cake	Nous mangeons un gateau
We have some sugar	Nous avons du sucre
I eat some sugar	Je mange du sucre
I eat some pork	Je mange du porc
The cake is red and black	Le gâteau est rouge et noir
The juice	Le jus
The lemon	Le citron
I eat chocolate	Je mange du chocolat
The oil	L'huile
The bunch of grapes	Le bouquet de raisin
The juice is red	Le jus est rouge

You are eating the lemon | Tu manges le citron

TRAINING TIME

I am drinking juice | Je bois du jus
He cooks the meat with oil | Il cuisine la viande avec de l'huile
We are eating the chocolate | Nous mangeons le chocolat
The man eating a lemon | L'homme mange un citron

Beef | Boeuf

STORY MODE

FRENCH

Niko: "Que faites-vous?"

Michelle: "Mon père et ma soeur sont sortis, et je mange un gâteau que j'ai trouvé dans le réfrigérateur".

Niko: "Est-ce un gâteau au chocolat?"

Michelle: "Non, c'est un gâteau aux bananes".

Niko: "D'accord. Je fais un repas aussi. C'est une pizza avec une couverture d'oignons, de viande, de tomate et de fraises.

Niko: "Qu'y a-t-il d'autre dans vôtre réfrigérateur?"

Michelle: "Rien de plus, juste des raisins secs, du boeuf, de la confiture, des carottes et du jus. Cela me rappelle, j'ai besoin d'acheter de l'épicerie pour certains articles"

Niko: "Quels éléments?"

Michelle: "Un peu de sucre, de fromage, de poisson, d'œufs, de bonbon, d'huile, de sel, de poivre et de poulet. Ma mère a déjà acheté des ingrédients pour une soupe et une salade, et elle les a cuisinés au cours du week-end. J'ajouterai le beurre, les crêpes, le riz, le pain, les baguettes, le porc et les citrons à la liste, quand je serai prêt à aller au supermarché".

Niko: "Qu'en est-il de quelque chose à boire, en avez-vous?"

Michelle: "Nous avons du vin et de la bière".

Niko: "Je voulais dire quelque chose sans alcool".

Michelle: "Oui, ça aussi. Je peux voir du lait, du café, du thé et de l'eau là-bas."

Niko: "D'accord, je pourrais revenir bientôt".

ENGLISH

Niko: "What are you doing?"

Michelle: "My father and sister are out, and I am eating a cake I found in the fridge."

Niko: "Is it a chocolate cake?"

Michelle: "No, it's a banana cake."

Niko: "Okay. I'm having a meal as well. It's a pizza with a topping of onions, meat, tomato and strawberries."

Niko: "What else is in your fridge?"

Michelle: "Nothing much, just some raisins, beef, jam, carrots and some juice. That reminds me, I need to go grocery shopping for some items"

Niko: "What items?"

Michelle: "Some sugar, cheese, fish, eggs, candy, oil, salt, pepper and some chicken. My mom already bought some ingredients for a soup and a salad, and she cooked them over the weekend. I will add butter, crepes, rice, bread, baguettes, pork and lemons to the list, when I am ready to go to the supermarket."

Niko: "What about something to drink, have you got any?"

Michelle: "We have wine and beer."

Niko: "I meant something without alcohol."

Michelle: "Yes, that too. I can see some milk, coffee, tea and water in there."

Niko: "Okay, I might be coming over soon."

Chapter 4

ANIMALS

Keywords: Cheval, chien, animal, oiseau, canard, chat, éléphant, singe, requin, abeille, tigre, dauphin, serpent, araignée, ours, tortue, lion, chienne, vache, cochon, mouche, mouche, souris, papillon, insecte, fourmi, baleine, loup, lapin, poule.

The dog	La chienne
The cat	La chatte
The cat is an animal	Le chat est un animal
A bird	Un oiseau
An elephant	Un éléphant
The horse is an animal	Le cheval est un animal
The elephant is eating an apple	L'éléphant mange une pomme
The bird is red	L'oiseau est rouge
We have a cat and a dog	Nous avons un chat et un chien
The horse is eating an apple	Le cheval mange une pomme
An animal is eating an apple	Un animal mange une pomme
The man has an elephant	L'homme a un éléphant
The turtle	La tortue
The lion	Le lion
The pig	Le cochon
The fly	La mouche
I am a lion	Je suis un lion
The pig is an animal	Le cochon est un animal
I am a turtle	Je suis une tortue
The duck is eating a fly	Le canard mange une mouche

There is a lion and a dog	Il y a un lion et un chien
The tiger	Le tigre
The dolphin	Le dauphin
It is eating a snake	C'est manger un serpent
A bee	Une abeille

TRAINING TIME

The monkey	Le singe
He has a tiger	Il a un tigre
I am a snake	Je suis un serpent
I am a dolphin	Je suis un dauphin
I am a bee	Je suis une abeille
The monkey is eating an apple	Le singe mange une pomme
A dolphin is an animal	Un dauphin est un animal
There is a tiger and a lion	Il y a un tigre et un lion
The butterfly	Le papillon
The wolf	La louve
A whale	Une baleine
The ant	La fourmi
The mouse	La souris
An insect is an animal	Un insecte est un animal
The butterfly is red and black	Le papillon est rouge et noir
The cat is eating the mouse	Le chat mange la souris
An ant is an animal	Une fourmi est un animal
The rabbit	Le lapin
He has a hen	Il a une poule
You have a rabbit	Vous aves un lapin
A hen is a bird	Une poule est un oiseau
A mouse and a rabbit	Une souris et un lapin

The hen and the duck	La poule et le canard
Yes, the hen eats an insect	Oui, la poule mange un insect
A rabbit is an animal	Un lapin est un animal

TRAINING TIME

We have a rabbit, and you?	Nous avons un lapin, et vous?
The wolf eats a hen	Le loup mange une poule
The rabbit is eating an apple	Le lapin mange une pomme
The rabbit? It is calm	Le lapin? C'est calme
The hen and the duck	La poule et la canard

STORY MODE

FRENCH

Michelle: "Le zoo est un endroit incroyable Niko. Je suis content d'être venu ici. Toutes sortes d'animaux en un seul endroit. C'est incroyable. Il y a des lions, des chevaux, des éléphants, des singes, des ours, des lapins et des canards. Là-bas, regardez! un tigre."

Niko: "Et dans l'eau, il y a de grandes tortues et des dauphins. Il pourrait même y avoir un requin ou deux. C'est une baleine, beaucoup plus grande que deux requins même."

Michelle: "Tu connais beaucoup d'animaux, tu as un animal de compagnie?"

Niko: "J'avais l'habitude, mais mon frère aîné les avait tous. Il avait un cochon une fois, puis il m'a remis à moi. Ensuite, il y avait un chien qui était de la taille d'un loup, et aimait chasser après le chat du voisin et enfin un oiseau".

Michelle: "Les animaux que je préfère sont ceux que je peux manger ou boire, en particulier les poulets et les vaches. Ceux que je déteste sont les araignées, les serpents et les abeilles".

ENGLISH

Michelle: "The zoo is an amazing place Niko. I'm happy we came here. All sorts of animals in one place. Its amazing. There are lions, horses, elephants, monkeys, bears, rabbits and ducks. Over there, look! a tiger."

Niko: "And in the water, there are big turtles and dolphins. There might even be a shark or two. That's a whale, much bigger than two sharks even."

Michelle: "You know a lot about animals, do you have a pet?"

Niko: "I used to, but my elder brother had them all. He had a pig once, and then he handed it over to me. Then there was a dog that was the size of a wolf, and liked to chase after the neighbor's cat, and finally, a bird."

Michelle: "The animals I like best are the ones I can eat or drink from, especially chickens and cows. The ones I hate, are spiders, snakes and bees."

Chapter 5

PLURALS

Keywords: Chats, chiens, chats, grands, pommes, éléphants, petits, petits, chiens, jeunes, canards, lettres, seuls, seuls, poisons, citations, sandwichs fruits, fraises, crêpes, baguettes, pâtes, légumes, frites, animaux, cheveux, jeux, oiseaux, bateaux, dieux, gâteaux, vieux, cadeaux, manteaux, beaux, nouveaux, oreilles, chapeaux.

The cats	Les chats
The dogs	Les chiens
We are small	Nous sommes petits
We have children	Nous avons des enfants
The elephants are eating some bread	Les éléphants mangent du pain
The men are tall	Les hommes sont grands
The apples are red	Les pommes sont rouges
The apple, the apples	La pomme, les pommes
The cat, the cats	Le chat, les chats
The dog, the dogs	Le chien, les chiens
They are writing letters	Ils écrivent des lettres
You are big	Tu es grand
The apples are small	Les pommes sont petites
We are alone	Nous sommes seuls
The dogs	Les chiens
The duck, the ducks	Le canard, les canards
The young men are writing letters	Les jeunes hommes écrivent des lettres
You are big	Tu es grand
The ducks drink	Les canards boivent

The young children are eating the chocolate	Les jeunes enfants mangent le chocolat
The lemons	Les citrons
The fruits	Les fruits
I am eating red strawberries	Je mange des fraises rouges
The fish, the fish	Le poisson, le poisson
The man is eating some sandwiches	L'homme mange des sandwichs

TRAINING TIME

The women are alone	Les femmes sont seules
The lemon, the lemons	Le citron, les citrons
The strawberry, the strawberries	La fraise, les fraises
The small red fish	Le petit poisson rouge
The strawberries are small	Les fraises sont petites
The girls are eating fruits	Les filles mangent des fruits
The cats are eating fish	Les chats mangent du poisson
An egg and some fruits	Un oeuf et des fruits
The lemons are small	Les citrons sont petits
The pasta	Les pâtes
You are eating veggies	Vous mangez des légumes
They are eating fries	Ils mangent des frites
The crepe, the crepes	La crêpe, les crêpes
I eat some baguettes	Je mange des baguettes
The beans are red	Les haricots sont rouges
I eat some baguettes	Je mange des baguettes
They are eating the crepes	Ils mangent les crêpes
The boy is eating fries	Le garçon mange des frites

I am eating pasta	Je mange des pâtes
She is eating fries	Elle mange des frites

IRREGULAR PLURALS

These are your animals	Ce sont vos animaux
We read the newspapers	Nous lisons les journaux
Those are horses	Ce sont des chevaux
He has greasy hair	Il a les cheveux gras
His eyes are blue	Ses yeux sont bleus
They are interesting games	Ce sont des jeux intéressants
There is a huge hole in the work zone	Il y a un enorme trou dans la zone des travaux
You know the animals	Tu connais les animaux
They read some newspapers	Elles lisent des journaux
I have eighteen horses	J'ai dix-huit chevaux
Men like games	Les hommes aiment les jeux
He owns some animals	Il possede des animaux
The birds eat rice	Les oiseaux mangent du riz
Their cakes are good	Les gâteaux sont bons
The boats are red	Les bateaux sont ouges
They are gods	Ce sont des dieux
The jewelry is red and blue	Les bijoux sont rouges et bleus
I have a cat on my lap	J'ai un chat sur les genoux
I am eating pieces of cake	Je mange des morceaux de gâteaux
She has fifteen jewels	Elle a quinze bijoux
I am on my knees	Je suis a genoux
He watches the birds	Il regardes les oiseaux

The children have boats	Les enfants ont des bateaux
The girl's coats are there	Les manteaux des fiilles sont là
Those elephants are old	Ces elephants sont vieux

TRAINING TIME

My two hats are red	Mes deux chapeaux sont rouges
New clothes	Des nouveaux vetements
We have beautiful children	Nous avons des beaux enfants
I do not like the eggs	Je n'aime pas les oeufs
You are beautiful	Vous êtes beaux
The coats are not red	Les manteaux ne sont pas rouges
My hats	Mes chapeaux
She is young and I am old	Elle est jeune et je suis vieux
Presents for children	Des cadeaux pour les enfants
These books are new	Ces livres sont nouveaux
She has beautiful, dark eyes	Elle a des beaux yeux noirs

STORY MODE

FRENCH

"Avez-vous essayé les gâteaux de la nouvelle boulangerie? Je les aime. Je suis allé chercher nos manteaux dans la lessive, et je me suis arrêté par la place. Ils vendent aussi des baguettes, des sandwichs, des crêpes, des poissons, des pommes et des citrons."

"Non, je n'ai pas."

"Vous pouvez avoir un morceau de gâteau si vous le souhaitez".

"Merci beaucoup"

"Sur le chemin du retour. J'ai vu un nouveau nid d'oiseaux près de la fenêtre, il y avait de beaux oeufs à l'intérieur, j'espère qu'il n'y a pas de chats comme la dernière fois."

"Moi aussi."

ENGLISH

"Have you tried the cakes from the new bakery? I love them. I went to pick up our coats from the laundry, and I stopped by the place. They also sell baguettes, sandwiches, crepes, fish, apples and lemons."

"No, I haven't."

"You can have a piece of the cake if you like."

"Thank you very much"

"On my way back. I saw a new birds nest by the window, it had beautiful eggs inside, I hope there are no cats around like last time."

"Me too."

The Simplest Way

Chapter 6

VERBS

Keywords: C', ai, as, ce, ont, agit, Penser, jouer, acheter, parler, etre, avoir, faire, dire, voir, donner, regarder, prendre, pouvoir, savoir, venir, comprendre, écrire, montrer, appeler, dormir, manger, aimer, lire, choisir, déjeuner, couper, marcher, vendre, inviter, goûter, connaître, être, aller, croire, choisir, déjeuner, couper, marcher, vendre, inviter, gouter, connaissais, etait, allait, croyait, faisiez, allait, disait, veniez, voulait, avait, parlais, sentait, trouvait, devais, fallait, pouvais, savais, pensaient, a, mange, ne, est, passe, tombe, reste, decide, essaye, laisse, cuisine, disparu, porte, permis, trouve, demande, cru, repondu respecte, contient, coupe, court, cuisine, dit, donne, entre, finit, gagne,

They have milk	Elles sont du lait
It is a new butterfly	C'est un nouveau papillon
You have a young cat	Tu as un jeune chat
These are apples	Ce sont des pommes
I have cats	J'ai des chats
I am cold	J'ai froid
You have some wine and they have some milk	Tu as du vin et il a du lait
They have a pretty girl	Ils ont une jolie fille
I am hot	J'ai chaud
You have a pretty duck	Tu as un joli canard
You have a young cat	Tu as un jeune chat

VERBS – PRESENT TENSE

I speak	Je parle
They want a sandwich	Ils veulent un sandwich
I am drinking the water	J'e bois de l'eau
You write	Te écris
He speaks	Il parle
We read the newspaper	Nous lisons le journal
You read	Tu lis
He is writing	Il écrit
I am reading	Je lis
He is drinking	Il boit
You drink	Tu bois
You drink coffee	Vous buvez du café
They like their scarves	Elles aiment leurs écharpes
I know	Je sais

TRAINING TIME

She loves the cats	Elle adore les chats
The children must drink	Les enfants doivent bois
Can you?	Pouvez-vous?
I understand	Je comprends
We need some bread	Il faut du pain
We can eat the meal	Nous pouvons manger le repas
We understand the newspaper	Nous comprenons le journal
Do you know?	Vous savez?
They are making a meal	Il font un repas
He calls his wife	Il appelle sa femme
We are buying green apples	Nous achetons des pommes vertes

A man is bringing some wine	Un homme apporte du vin
You are helping the children	Tu aides les enfants
She is bringing milk	Elle apporte du lait
I am going to eat	Je vais manger
You are making coffee	Vous faites du café
We are making our clothes	Nous faisons nos vêtements
He helps his dog	Il aide son chien
The woman is making a hat	La femme fait un chapeau
They are buying the horse	Ils achetent le cheval
We are learning	Nous apprenons
He knows	Il connaît
I am ordering fries	Je commande des frites
She is looking for her cat	Elle cherche son chat
His wife is expecting a child	Sa femme attend un enfant
I know the boy	Je connais les garçon

TRAINING TIME

I am looking for my dog	Je cherche mon chien
I am waiting for my children	J'attends mes enfants
You know my dog	Vouz connaisez mon chien
We learn	Nous apprenons

PART B

You are running	Tu cours
I am taking action	J'agis
He is cutting an orange	Il coupe une orange

Your bag contains vegetables	Ton sac contient des legumes
He respects his wife	Il respecte sa femme
I am running	Je cours
He is running	Il court
My wife cooks	Ma femme cuisine
A man cooks	Un homme cuisine
He is finishing	Il finit
I enter	J'entre
He is winning	Il gagne
I say thank you	Je dis merci
He is donating a wallet	Il donne un portefeuille
He throws his book	Il lance son livre
It interests the children	Ca intéresse les enfants
He throws the hat	Il lance le chapeau
He is showing a cow	Il montre une vache
The child is hiding the chocolate	L'enfant cache le chocolat
Those dogs walk	Ces chiens marchent
She deserves it	Elle mérite ça
What are you washing?	Quest-ce que vous laves?
She walks	Elle marche
Why does he wash the lemon?	Pourqoui lave-t-il le citron?
You are hiding an animal	Tu caches un animal

TRAINING TIME

We walk and you run	Nous marchons et vous courez
How do you wash your dog?	Comment laves-tu ton chien?
I walk	Je marche
We are washing our socks	Nous lavons nos chausettes

You are showing your clothes	Vous montrez vos vêtements
It's raining	Il pleut
It is snowing	Il neige
Are you opening your jacket?	Vous ouvrez vôtre veste?
She loses a pig	Elle perd un cochon
He is motivating the children	Il motive les enfants
You are opening the newspaper	Tu ouvres le journal
He undoes his coat	Il ouvre son manteaux
I motivate the boy	Je motive le garcon
He opens a menu	Il ouvre un menu
I am wearing pink pants	Je porte un pantaloon rose
She offers some tea	Elle propose du thé
I grab my hat	Je saisis mon chapeau
She wishes to eat some rice	Elle souhaite manger du riz
What does he own?	Il possede quoi?
She takes my sugar	Elle prend mon sucre
They are carrying bread	Ils portent du pain
I take the newspaper	Je prends le journal
We are carrying the child	Nous portons les enfant
You are wearing your new coat	Tu portes ton nouveau manteaux
He offers some wine	Il propose du vin

TRAINING TIME

He suggests a suit	Il propose un costume
He owns a pig	Il possède un cochon
I see	Je vois
She is holding a cat	Elle tient un chat
He finishes his meal	Il termine son repas

The children find a duck	Les enfants trouvent un canard
You sell shoes	Vous vendez des chaussures
The dog follows a duck	Le chien suit un canard
Are they selling books?	Vendent-ils des livres?
The elephant sees the lion	L'éléphant voit le lion
He finds an apple	Il trouvre une pomme
It breaks	Ca casse
My book is about a horse	Mon livre concerne un cheval
You live alone	Vous vivez seules
The boy is improving his letter	Le garçon améliore sa letter
She is adding a hat	Elle ajoute un chapeau
I am breaking an egg	Je casse un oeuf
Its about my black dress	Ca concerne ma robe noiré
He adds the oil	Il ajoute l'huile
I am sleeping	Je dors
You are becoming rich	Vous devenez riches
We are looking at the menu	Nous regardons le menu
I hear a cat and a horse	J'entends un chat et un cheval
He sleeps	Il dorts
The cow hears the dog	La vache entends le chien

TRAINING TIME

He is becoming a man	Il deviant un homme
He watches a cow	Il regarde une vache
My children are sleeping	Mes enfants son dormant
You hear a child	Vous entendez un enfant

We sleep	Nous dormons
Is he asleep?	Dort-il?
He becomes a butterfly	Il deviant un papillon

PART C

It is coming	Ça vient
I continue	Je continue
She asks for the menu	Elle demande le menu
They arrive when?	Elles arrivent quand?
He does not tan	Il ne bronze pas
It belongs to my uncle	Il appartient à mon oncle
She affirms it	Elle l'affirme
I am coming	Je viens
It happens	Ça arrive
He continues walking	Il continue à marcher
I ask myself	Je me demande
I am tanning	Je bronze
They come from Mexico	Elles viennent du Mexique
He doubts	Il doute
I believe	Je crois
She depends on us	Elle dépend de nous
My brothers work hard	Mes frères travaillent dur
She listens	Elle écoute

TRAINING TIME

What is it used for?	A quoi ca sert?
I trade my coat for your hat	J'echange mon manteaux contre ton chapeau
I listen because he speaks	J'écoute car il parle
They believe the children	Ils croient les enfants

You work	Tu travailles
He works	Il travaille
He believes my child	Il croit mon enfant
The boys listen	Les garçons écoutent
It serves as a border	Il sert de frontière
She doubts	Elle doute
It depends	Ça depend
I exchange my wine for a beer	J'échange mon vin contre une bière
He plays	Il joue
He lives in Paris	Il habite à Paris
He tries again later	Il essaie a nouveau plus tard
I am starting a book	Je commence un livre
The child explains why	L'enfant explique pourquoi
The hat exists in black	Le chapeau existe en noir
What do they leave?	Que laissent-ils?
The animals play	Les animaux jouent
She starts tomorrow	Elle commence demain
He lets me think	Il me laisse penser
You try on a dress	Tu essaies une robe
This scarf is available in yellow	Cette écharpe existe en jaune
I live in the suburbs	J'habite en banlieue

TRAINING TIME

She is getting up	Elle se lève
I miss him	Il me manqué
They pass by	Ils passent
The child lies	L'enfant ment
She is leaving for Paris	Elle part pour Paris
Yes, I think so	Oui, je le pense
How much do they weigh?	Combient pèsent-ils?
She raises her shirt	Elle lève sa chemise

I think so	Je pense
He is lying	Il ment
He is going away	Il part
They pass by	Ils passent
Your children miss you	Tu manques a tes enfants
You do not offer anything	Vous n'offrez rien
She presents her child	Elle présente son enfant
He plants some vegetables	Il plante des legumes
What do you prefer?	Que préfèrez-vous?
He receives her	Il la reçoit
You are taking a walk	Vous vous promenez
The girls like the skirt	La jupe plait aux filles
I present the garment	Je présente le vêtement
I walk my dog	Je promène mon chien
I prefer cats to dogs	Je préfère les chats aux chiens
He prefers to retire	Il préfère prendre sa retraite
I am coming back with my daughter	Je rentre avec ma fille

TRAINING TIME

You do not answer me	Vous ne me repondez pas
She refuse to eat	Elle refuse de manger
During the night I rest	Durant la nuit, je me repose
That shows a woman	Ca represente une femme
He notices a girl	Il remarque une fille
She returns the hat to her friend	Elle rend le chapeau à sa copine
She answers yes	Elle répond oui
You do not answer me	Tu ne me réponds pas

How do we respond to these letters	Comment repondons nous à ces lettres
I am coming back with my dog	Je rentre avec mon chien
She notices a bird	Elle remarque un oiseau
He represents me	Il me représente
His new book is making him famous	Son nouveau livre le rend célèbre
She refuses to drink	Elle refuse de boire
That represents a bee	Ça représente une abeille
He answers his father	Il répond à son père
I rest	Je me repose
She returns the hat to her friend	Elle rend le chapeau à sa copine
My friend is staying	Mon ami reste
They are using them	Ils les utilisent
He looks like his father	Il ressemble à son père
They seem to be bad	Ils semblant mauvais
He reserves the table	Il réserve la table
He comes back to Europe	Il revient en Europe
They return to America	Ils retournent en Amérique

TRAINING TIME

He uses a hat	Il utilize un chapeau
He turns over his newspaper	Il retourne son journal
I do not stay	Je ne reste pas
I return	Je reviens
This bed seems solid	Ce lit semble solide
He reserves a book	Il réserve un livre
I look like my father	Je resemble a mon pere
He goes out	Il sort
Do you shave in the morning?	Tu t erases le matin?

I feel a spider	Je sens une araignée
What does it mean?	Ça signifie quoi?
I suppose that it is raining	Je suppose qu'il pleut
A leaf falls	Une feuille tombe
The wolf is running away	Le loup s'enfuit
We are running away	Nous nous enfuyons
The tea smells good	Ce thé sent bon
The girls are going out together	Les filles sortent ensemble
He shaves here	Il se rase ici
We suppose things	On suppose des choses
What does that mean?	Qu'est-ce que ça signifie?

VERBS – INFINITIVE

I like having an umbrella	J'aime avoir un parapluie
Men can be rich	Les hommes peuvent être riches
I like making coffee	J'aime faire du café
She wants to see my cake	Elle veut voir mon gateau
Can you tell me?	Pouvez-vous me dire?

TRAINING TIME

You can see the ducks	Vous pouvez avoir des canards
You are going to be an uncle	Vouz allez être un oncle
Difficult to say	Difficile à dire
You want to see my vegetables?	Tu veux voir mes légumes?
He must be ready	Il doit être prêt
I am going to be rich	Je vais être riche
I wish for a daughter	Je souhaite avoir une fille
I like to think about my mother	J'aime penser à ma maman
I must speak with you	Je dois parler avec vous
I have to buy some bread	Je dois acheter du pain
He can come	Il peut venir
Can you understand me?	Pouvez-vous me comprendre?
Good to know	Bon à savoir
I like to play with them	J'aime jouer avec ells
My sister likes to speak	Ma souer aime parler
She is going to understand my letter	Elle va comprendre ma letter
I like to think	J'aime penser

You can read that book	Tu peux lire ce livre
I must call my girl	Je dois appeller ma fille
They like to sleep	Ils aiment dormer
The children want to have dinner	Les enfants veulent diner
She likes to write	Elle aime écrire
I can love	Je peux aimer
She likes to wear her shirt	Elle aime porter sa chemise
When do they want to have dinner?	Quand veulent-ils dîner?

TRAINING TIME

She wants to sleep	Elles veut dormer
I am going to read	Je vais lire
I like to sell clothes	J'aime vendre des vêtements
I read to learn	Je lis pour apprendre
Do you like to walk?	Aimez vous marcher?
You can go	Tu peux y aller
It is difficult to choose	Il est difficile de choisir
The grandmother likes to learn	La grand-mere aime apprendre
I like to sell veggies	J'aime vendre des legumes
I must go to sleep	Je dois aller dormer
You can pick out the book you like	Vous pouvez choisir le livre que vous aimez
He likes walking alone	Il aime marcher seul
The water must boil	L'eau doit bouillir
I want to cut the meat	Je veux couper la viande
I like to grill chicken	J'aime faire griller du poulet
I want to empty my pocket	Je veux vider ma poche

She want to try my crepes	Elles veut gouter mes crêpes
It is necessary to boil some water	Il faut faire bouillir de l'eau
You want to invite your parents	Tu veux inviter tes parents
We like to taste the meat	Nous aimons goûter la viande
My mother likes to cut fruit	Ma mere aime couper des fruits
My wife likes to invite her family	Ma femme aime inviter sa famille
I love to grill chicken	J'adore faire griller de la viande
We like to taste the jam	Nous aimons goûter la confiture

TRAINING TIME

PART B

I like to grill some beef	J'aime faire griller du bouef
I want to cut the meat	Je veux couper la viande
I cannot hear you	Je ne peux pas vous entendre
She wants to stop by tomorrow	Elle veut passer demain
They let me go	Ils me laissent partir
Is she going to set the table?	Elle va mettre la table?
I have to return this book	Je dois rendre ce livre
Take it or leave it	C'est a prendre ou a laisser

She must find her husband	Elle doit trouver son mari
We are going to leave	Nous allons partir
I am going to put my chair here	Je vais mettre ma chaise ici
Thanks for leaving me in peace	Merci de me laisser tranquille
We do not want to hear that	Nous ne voulons pas entendre ca
She is a neighbor who likes to spend time with them	C'est une voisine qui aime passer du temps avec eux
We have to leave	Nous devons partir
We are going to find those keys	Nous allons trouver ces clés
I am going to prepare the meal	Je vais préparer le repas
Seeing is believing	Voir c'est croire
Nobody can wait	Personne ne peut attendre
He wants to become an engineer	Il veut devenir ingénieur
He seems to know you	Il semble vous connaître
I cannot take more	Je ne peux plus tenir
He is going to appear in the evening	Il va apparaître le soir
Hard to believe	Difficile à croire
You want to wait?	Tu veux attendre?

TRAINING TIME

I am going to prepare the chicken	Je vais préparer le poulet
The page can appear on the screen	La page peut apparaître sur l'écran

Children always want to become adults	Les enfants veulent toujours devenir adultes
I am going to wait here	Je vais attendre ici
He seems to know us	Il semble nous connaître
Who to believe?	Qui croire?
To be continued	À suivre
You must pull the door	Il faut tirer la porte
He is here to stay	Il est ici pour rester
He has to die	Il doit mourir
He is afraid of falling	Il a peur de tomber
We are going to reply him	Nous allons lui répondre
I need to meet my nephew at eight o' clock	Je doit retrouver mon neveu à huit heures
I do not know how to answer	Je ne sais pas répondre
Are we going to stay?	On va rester?
Are they going to fall off the roof?	Vont-ils tomber du toit
How is she going to find her husband again?	Comment va-t-elle retrouver son mari?
I am going to follow my dog	Je vais suivre mon chien
I am going to die	Je vais mourir
Soon, they are going to shoot	Bientot, elles vont tirer
I am going to explain why	Je vais expliquer pourquoi
I have to open the window	Je dois ouvrir la fenêtre
Now I can serve my family	Maintenant je peux servir ma famille
They are going to arrive too late	Ils vont arriver trop tard

He wants to get this document	Il veut obtenir ce document

TRAINING TIME

She is going to want another skirt	Elle va vouloir une autre jupe
She can explain this	Elle peut expliquer ceci
You have to open the window	Tu dois ouvrir la fenêtre
It is time to serve the coffee	Il est temps de server le café
I do not have any time to lose	Je n' ai pas de temps a perdre
I cannot explain it	Je ne peux pas l'expliquer
You are going to open the car	Tu vas ouvrir la voiture
I am going to feel well	Je vais me sentir bien
To forget about time	Oublier le temps
Pose for the photo	Poser pour la photo
I know how to ride a horse	Je sais monter a cheval
I am going to stop	Je vais arrêter
It is impossible to reach	C'est impossible a atteindre
She is going to forget him	Elle va l'oublier
I will stop eating	Je vais arreter de manger
Her father cannot climb the stairs any longer	Son pere ne peut plus monter les escaliers
I am going to put that down on the table	Je vais poser ca sur la table
The roses are going to smell good	Les roses vont sentir bon
She has to return to her country	Elle doit revenir dans son pays

I am going to change shirts	Je vais changer de chemise
She is thinking of leaving her husband	Elle pense quitter son mari
I do not want to work	Je ne veux pas travailler
I cannot permit it	Je ne peux pas le permettre
We have to go back to work	Nous devons reprendre le travail
Are you sure you have to work on Saturday?	Es-tu sure de devoir travailler samedi?

TRAINING TIME

He will come back	Il va revenir
It is time to change	Il est temps de changer
I do not want to leave you now	Je ne veux pas vous quitter maintenant
But I have to return	Mais je dois revenir
I cannot afford it, I am not rich	Je ne peux pas me le permettre, je ne suis pas riche
It is time to change	Il est temps de changer
He likes working in the garden	Il aime travailler dans le jardin
He is going to come back soon	Il va revenir bientôt
Who is going to win?	Qui a gagner
I cannot help you	Je ne peux pas vous aider
They are going to receive my letter	Ils vont recevoir ma letter
I cannot imagine	Je ne peux l'imaginer
But who is going to guard the children	Mais qui va garder les enfants
It's time you got up	Il est l'heure de vous lever

Turn the page	Tourner la page
They are not going to win	Ils ne vont pas gagner
In order to give or receive	Pour donner ou pour recevoir
I have to help those people	Je dois aider ces gens
He likes to turn the page	Il aime tourner la page
I am going to keep that cake for myself	Je vais garder ce gâteau pour moi
This morning, I cannot get up	Ce matin, je ne peux pas me lever
You are going to receive clothes	Tu vas recevoir des vêtements
You can go back	Tu peux rentrer
He cannot kill the chicken	Il ne peut pas tuer le poulet
They know how to count	Elles savent compter

TRAINING TIME

I am going to discover a country	Je vais découvrir un pays
I knew how to create	Je savais créer
I like touching your dress	J'aime toucher ta robe
Moreover, it is easier to realize	De plus, il est plus facile à réaliser
I like to touch the hat	J'aime toucher le chapeau
Now, we have to create one in two weeks	Maintenant, nous devons en créer une en deux semaines
He is afraid to end up alone	Il a peur de finir seul

She is going to add salt	Elle va ajouter du sel
They are going to present the plan	Ils vont présenter le plan
They like to try	Ils aiment essayer
This is my bedroom	C'est ma chamber a coucher
I have to take care of this cat	Je dois m'occuper de ce chat
Your computer is simple to use	Ton ordinateur est simple à utilizer
This is your bedroom	C'est ta chamber
They like to try	Elles aiment essayer
They are going to finish eating	Elles vont finir de manger
You are going to present this plan	Vous allez présenter ce plan
I stopped listening to the radio	J'ai arrete d'écouter la radio
I am going to ask them	Je vais leur demander
Can I buy you a drink?	Je peux t'offrir un verre?
I have begun to live alone	J'ai commencé à vivre seul
I never know how to act	Je ne sais jamais comment agir
And who is going to pay?	Et qui va payer?
You have to look for a book	Tu dois chercher un livre
They are going to throw the vegetables in the bin	Ils vont jeter les légumes a la poubelle

TRAINING TIME

Ask for what?	Demander quoi?
They are going to offer their bedroom	Ils vont offrir leur chamber

VERBS – PAST IMPERFECT

I used to have a small robot when I was little	J'avais un petit robot quand j'étais petit
She was going to read a magazine	Elle allait lire un magazine
She was telling us that	Elle nous disait ça
The women were making fries	Les femmes faisaient des frites
You used to come to see me	Vous veniez me voir
They did not want that	Ils ne voulaient pas ca
Every summer, I used to go to this restaurant	Chaque été, j'allais dans ce restaurant
What was I doing?	Que faisais-je?
You were in your cellar	Vous étiez dans vôtre cave
She had a cat	Elle avait un chat
We were saying?	Nous disions?
She was coming alone	Elle venait seule
I wanted some red shoes	Je voulais des chaussures rouges
From time to time, we saw people we knew	De temps en temps, nous voyions des gens que nous connaisons
He believed his father	Il croyait son père
What were we talking about yesterday?	De quoi parlions-nous hier?
He was smelling the chocolate	Il sentait le chocolat
You were watching television	Tu regardais la télévision
As usual, we did not find her hat	Comme toujours, nous ne trouvions pas son chapeau
You did not know that	Tu ne connais ce pas ça
What did you feel?	Que sentiez-vous?

I was talking to my father	Je parlais à mon père
I did not see anyone	Je ne voyais personne
She was not looking at me	Elle ne me regardait pas

TRAINING TIME

You were talking with my sister	Tu parlais avec ma soeur
He did not see anyone	Il ne voyais personne
I did not know	Je ne savais pas
They were thinking of their children	Elles pensaient à leurs enfants
They were not able to sleep	Ils ne pouvaient pas dormir
I was unable to sleep	Je ne pouvais dormir
He knew how to speak	Il savait parler
Was he thinking about his parents?	Il pensait à ses parents?
You were able to drink wine	Vous pouviez boire du vin
I knew how to be kind	Je savais être gentil
Yes, he knew	Oui, il savait
She knew how to read	Elle savait lire
The wolf is in the zoo	La loup est dans le zoo

VERBS – COMPOUND PAST

She drank five glasses of water	Elle a bu cinq verres d'eau
The girls ate some cheese	Les filles ont mange du fromage
Patrick liked that beef	Patrick a aime ce boeuf
They have been very mean	Elles ont été très méchants
Yes you read well	Oui, vous avez bien lo

You ate at the restaurant	Tu as mange au restaurant
I have been a baby	J'ai été un bébé
My friends did not like them	Mes amies ne les ont pas aimes
This page? Yes, I read it	Cette page? Oui, je l'ai lue
I ate them	Je les ai mangé
We did not like the chicken	Nous n'avons pas aimé le poulet
When did you eat with Marie at that restaurant?	Quand avez-vous mangé avec Marie à ce restaurant?

TRAINING TIME

A child is born	Un enfant est né
I went to the park yesterday	Je suis allee au parc hier
We called each other	Nous nous sommes telephone
You came too early	Vous êtes venu trop tôt
September passed	Septembre est passe
She remembered the judges	Elle s'est souvenue des juges
My father went to a castle	Mon père est allé a un château
I was born in this region	Je suis né dans cette région
You called each other	Vous vous êtes telephone
She came alone	Elle est venue seule
She was born on September 20	Elle est née le vingt Septembre
Where did you go?	Où êtes-vous allé?
They called each other	Ils se sont telephone
We left	Nous sommes parties

Two people died	Deux personnes sont mortes
We have arrived	Nous sommes arrives
I went up	Je suis montes
He stayed in the hotel	Il est resté dans l'hôtel
I became a teenager	Je suis devenue une adolescent
The girl fell	La fille est tombée
She died	Elle est morte
How did it happen?	Comment est-ce arrivé?
I left on Sunday	Dimanche, je suis partie
I fell into the water	Je suis tombé dans l'eau
The prisoner got into the car	La prisonniere es montee dans la voiture

TRAINING TIME

The castle became private property	Le château est devenu une propriété privée
It took me time to understand	J'ai mis du temps a comprendre
We called each other	Nous nous sommes appellees
He gave me a watch	Il m'a donne une montre
They let the dog eat	Ils ont laisse le chien manger
Did he try?	Il a essayé?
I decided that	J'ai décidé cela
She called the police	Elle a appelé la police
They put on their trousers	Ils ont mis leur pantalon
I made up my mind	Je me suis decide
It is the apple he gave me	C'est la pomme qu'il m'a donnée

These are the glasses i gave you	Ce sont les lunettes que je vous ai données
She cooked me fish	Elle m'a cuisine du poisson
They wore their hats	Ils ont porte leurs chapeaux
His mother disappeared	Sa mère a disparu
Afterwards, it worked	Apres, ca a marche
I forgot where I put them	J'ai oublié où je les ai mis
She drove like that?	Elle a conduit comme ça?
The sandwiches, we returned them	Les sandwichs, nous les avons rendus
The police went to the scene	La police s'est rendue sur les lieux
It is the dress that she wore yesterday	C'est la robe qu'elle a portee hier
Why did I say that?	Pourquoi ai-je dit ca
I allowed them	Je les ai permis
She received my letter	Elle a reçu ma lettre
He has succeeded	Il a réussi

TRAINING TIME

I have never seen your region	Je n'ai jamais vu vôtre région
She took her book	Elle a pris son livre
I took them	Je les ai prises
Yesterday we saw ourselves in the mirror	Hier nous nous sommes vues dans le miroir
They performed together	Ils ont joué ensemble
The weather was beautiful	Il a fait beau
Where did you hear that?	Où as-tu entendu ca?

He knew how to talk	Il a su parler
We opened a hotel	Nous avons ouvert un hôtel
We have reduced their number	Nous avons réduit leur nombre
You did not find me	Vous ne m'avez pas trouvé
I heard her	Je l'ai entendue
Our house, it is my father who built it	Nôtre maison, c'est mon père qui l'a faite
He did not find me	Il ne m'a pas trouvé
I was able to talk	J'ai pu parler
He stopped the car	Il a arrêté la voiture
Did you have the newspaper this morning?	As-tu eu le journal ce matin?
She did not ask me	Elle ne m'a pas demandé
What date have you planned?	Quelle date as-tu prévu?
They have started this	Ils ont comment ceci
I thought about it	J'y ai pense
He was able to talk	Il a pu parler
He planned that for tonight	Il a prévu ca pour ce soir
Has he thought about his parents?	Il a pensé à ses parents?
We showed our boots	Nous avons montré nos bottes

TRAINING TIME

He did not answer me	Il ne m'a pas répondu
We did not believe them	Nous ne les avons pas rues
I saw him recently	Je l'ai vu récemment
He leaves after he has eaten	Il part après qu'il a mangé

Nobody believed me at first	Personne ne m'a cru au debut
He showed me his car	Il ma montré sa voiture
She did not answer	Ell n'a pas répondu
She never answered	Elle n'a jamais répondu
He did not believe me	Il ne m'a pas cru
You answered	Tu as répondu
This is personal	C'est personnel

PART B

I have changed	J'ai changé
I have had a car	J'ai eu une voiture
I understood	J'ai compris
You had to drink some water	Tu as du boire de l'eau
I came back very late	Je suis rentree très tard
She has obtained wine	Elle a obtenu du vin
Did you understand	Avez vous compris
Have you had a dog?	As tu eu un chien?
He has changed	Il a changé
I cook fish	J'ai cuisine du poisson
Which thing did you lose?	Quelle chose avez-vous perdue?
You did not write me	Tu ne m'as pas écrit
She already left the office	Elle a déjà quitté le bureau
Which page have you learned?	Quelle page as-tu apprise?

TRAINING TIME

I found my charger	J'ai retrouvé mon chargeur
Yes, I wanted that car	Si, j'ai voulu cette voiture

He pulled my shirt	Il a tiré ma chemise
Which books did he write?	Quels livres a-t-il écrits?
I lost my phone	J'ai perdu mon téléphone
Which house did he leave?	Quelle maison a-t-il quittee?
The uncle learned to read	L'oncle a appris à lire
We never found them again	Nous ne les avons jamais retrouvés
Which documents have I lost?	Quells documents ai-je perdus
We adopted a child	Nous avons adopté un enfant
He designed the car	Il a conçu la voiture
He sold us a car	Il nous a vendu une voiture
Did your parents like me?	Tes parents m'ont apprécié?
How many of them did you buy?	Combien enavez-vous acheté?
You closed the door	Vous avez fermé la porte
We ordered the meal	Nous avons commandé le repas
I bought them	Je les ai acheté
He sold them	Il les a vendus
These are the things we have designed	Ce sont les objets que nous avons conçus
It is my suitcase that I did not close	C'est ma valise que je nai pas fermé
Sorry, it is not the drink I ordered	Désolé, ce n'est pas la boisson que j'ai commandée
You know it is the tortoise my son has adopted	Tu sais, c'est la tortue que mon fils a adoptée

He has sent a box	Il a envoye une boîte
I have waited	J'ai attendu
My father has gone out	Mon père est sorti

TRAINING TIME

We served the dinner	On a servi le dîner
She helped me a lot	Elle ma beaucoup aidé
You added two lemons	Vous avez ajouté deux citrons
He brought a lot of cards	Il a apporté beaucoup de cartes
He sent two letters	Il a envoyé deux lettres
What did you add to the soup?	Qu'as-tu ajouté dans la soupe?
He waited for several years	Il a attendu plusieurs années
I have spoiled my dinner	J'ai gâté mon dîner
We reached the border	Nous avons atteint la frontière
He had another egg	Il a repris un oeuf
I recognize that man	Je reconnu cet homme
She reached me	Elle m'a atteinte
How many birds did you recognize?	Combien d'oiseaux avez-vous reconnu?
There are appointments you have missed	Il ya des rendez-vous que tu as rates
It is the meat you have cut	C'est la viande que tu as coupée
How many people have you reached	Combien de personnes aves-vous atteintes?

TRAINING TIME

STORY MODE

FRENCH

Aujourd'hui était le vingt-et-un octobre et un dimanche. À cette époque, Michelle s'approchait habituellement du magasin pour acheter des pétards, mais Niko lui avait montré un autre magasin qui avait des articles moins chers, alors elle a conduit à la place. Il pleuvait et la plupart des magasins de la rue où il roulaient étaient fermés, à l'exception du magasin de biscuits. Elle a décidé de s'arrêter et de prendre des cookies.

ENGLISH

Today was the twenty first of October and a Sunday. Around this time every year, Michelle usually walked to the store to buy firecrackers, but Niko had shown her another store which had cheaper items, so she drove instead. It was raining and most of the stores on the street she drove into were closed, except for the cookie shop. She decided to stop by and grab some cookies.

Chapter 7

ADVERBS

Keywords : Plus, moins, bien, deja, trop, ici, assez, voila tard, tot, voici, la, aussi, mal, tres, beaucoup, maitenant, vite, souvent, a peu pres, peut-etre, seulement, presque, lentement, surement, encore, toujours, parfois, bref, apres.

They sleep there	Ils dorment la
I must eat, too	Je dois manger, aussi
Five plus four makes nine	Cinq plus quatre font neuf
This is very important	C'est très important
This is going badly	Ca va mal
I am fine, thank you. And you?	Je vais bien, merci. Et vous?
I want less soup	Je veux moins de soupe
He reads very badly	Il lit très mal
I like the winter	J'aime l'hiver
Very, very, long	Très, très, longue
Enough	Assez
Good night to those who are here	Bonne nuit à ceux qui sont ici
That is too much	C'est trop
He likes eating a lot	Il aime manger beaucoup
Very often	Très souvent
He speaks fast	Il parle vite
It must be ready now	Ca doit être prêt maintenant
The book is here	Le livre est ici
We speak quickly	Nous parlons vite
Very early	Très tôt
Here is your book	Voici ton livre
Do you want to come later?	Voulez-vous venir plus tard?

There are our children	Voila nos enfants
It is very late	C'est très tard
Here is your dog	Voici ton chien
Here is a letter for you	Voice une lettre pour vous

TRAINING TIME

PART B

You speak soon	Tu parles bientôt
Generally, this is simple	Normalement, c'est simple
Is this big enough?	Est-ce suffisament grand?
He walks slowly	Il marche lentement
Generally, it is orange	Elle est généralement orange
She is so big	Elle est si grande
He rarely writes to his father	Il ècrit rarement à son père
Slowly but surely	Lentement mais sûrement
In short, we like to drink	Bref, nous aimons boire
The horse walks in front	Le cheval marche devant
Actually, this is a young man	En fait, c'est un jeune homme
Absolutely	Tout a fait
At least, I have my dog	Au moins jai mon chien
They live together	Elles vivent ensemble
In short, it is a girl	Bref, c'est une fille
Almost	Presque
Thank you again	Merci encore
Sometimes less	Parfois moins
It is only an insect	C'est seulement un insect

She is a girl	C'est toujours une fille
Perhaps	Peut-être
But, I am here	Seulement je suis ici
Sometimes I sleep in the morning	Je dors parfois le matin
Tomorrow in the after noon	Demain à midi
The night is already black	La nuit est déjà noire

TRAINING TIME

He is here already	Il est ici déjà
Good afternoon	Bon après midi
Twenty years already	Vingt ans déjà
Thursday afternoon	Jeudi après midi
Is it already Friday	Est-ce déjà vendredi
I like sleeping in the afternoon	J'aime dormir l'après-midi
It is already June	Nous sommes déjà en Juin
In the afternoon	Dans l'après-midi
My secretary sleeps in the afternoon	Ma secretaire dort l'après-midi
Do you already have children	Avez-vous déjà des enfants

PART B

Finally	Enfin
She has a little bread	Elle a un petit peu de pain
Yes, it is so	Oui, c'est ainsi
Can I pay with my card	Puis-je payer avec ma carte
Then we look for a place	Ensuite on cherche une place
In about a month	Dans un mois environ

She is above me	Elle est au dessus de moi
So, you were born in France?	Ainsi, vous êtes né en France?
You are a bit fat	Vous êtes un peu gras
Finally it is Friday	Enfin nous sommes Vendredi
Her hat, then her coat	Son chapeau, ensuite son manteaux
Afterwards, it is very simple	Ensuite, c'est très simple
He is about forty	Il a environ quarante ans
And then the girl reads a letter	Et puis la fille lit une lettre
He is particularly wealthy	Il est particulièrement riche

TRAINING TIME

He is so tall	Il est tellement grand
He walks quickly	Il marche rapidement
He speaks more simply	Il parle plus simplement
Obviously	Évidemment
Exactly	Exactement
The baker is very kind, especially with the ladies	Le boulanger est très gentil, notamment avec les dames
Of course not	Évidemment non
I am already so happy	Je suis déjà tellement content
This is it exactly	C'est exactement cela
I am simply here	Je suis simplement la
You are rather young	Tu es plutôt jeune
So many vegetables	Tant de légumes
Here or elsewhere	Ici ou ailleurs
However, it is possible	Cependant, c'est possible
He is everywhere	Il est partout

And above all, I need to know when	Et sourtout, je dois savoir quand
Really?	Vraiment?
However, it is good	Cependant, c'est bon
Is this really serious?	C'est vraiment serieux?
You are rather small	Vous êtes plutôt petit
Italy is far from Brazil	L'italie est loin du Brésil
I am stepping outside	Je fais un pas dehors
I am downstairs	Je suis en bas
There is nothing there	Il n'ya rien la-bas
Sometimes, it is closer	Parfois, c'est plus pres

TRAINING TIME

You are upstairs	Vous êtes en haut
He drinks too much these days	Il boit trop ces jours-ci
Mom is upstairs	Maman est en haut
He plays outdoors	Il joue dehors
Far from here	Loin d'ici
We have family down there	Nous avons de la famille là-bas
Are they upstairs?	Sont ils en haut?
Dad is downstairs	Papa est en bas
It is raining outside	Il pleut dehors
I think otherwise	Je pense autrement
This is absolutely impossible	C'est absolument impossible
It is not completely ready	Ce n'est pas complètement prêt
At the moment, it is too late	Actuellement, il est trop tard
She looks underneath	Elle regarde dessous
He talks directly to his children	Il parle à ses enfants directement
This way, I can read faster	De cette maniere, je peux lire plus rapidement

He is not hungry, but he is eating anyway	Il n'a pas faim, mais il mange quand meme
So, the house is going to be entirely white	Ainsi, la maison va être entièrement blanche
I am absolutely sure	Je suis absolument sûr
He is certainly my cousin	C'est certainement mon cousin
I am relatively sure	Je suis relativement sûr
I hear you perfectly	Je t'entends parfaitement
Finally	Finalement
Yes indeed	Oui effectivement
Quite simply	Tout simplement

TRAINING TIME

He immediately calls the police	Il appelle la police immédiatement
Yes, probably	Oui, probablement
They are relatively big	Elles sont relativement grandes
Finally, he is here	Finalement il est ici
Are they inside or outside?	Sont-elles dedans ou dehors
It is unfortunately too late	C'est malheureusement trop tard
I am here only for that	Je suis là uniquement pour ca
Fortunately no	Heureusement non
It is apparently a child	C'est apparemment un enfant
I am almost ready	Je suis quasiment prêt
She reads easily	Elle lit facilement
This is extremely useful	C'est extrêmement utile
That is mainly sugar	C'est principalement du sucre

Unfortunately, it is true	Malheureusement c'est vrai
The waiter reads easily	Le serveur lit facilement
It rains inside	Il pleut dedans
This is extremely useful	Ceci est extremement utile
It is mainly fish	C'est principalement du poisson
Stand up	Debout
It is not fair	Ce n'est pas juste
Then I eat your fries	Alors je mange tes frites
Before this day	Avant ce jour
That depends totally on you	Ca dépend totalement de vous
Frankly, it is impossible	Franchement, c'est impossible
She is leaving for good	Elle part definitivement

TRAINING TIME

Even the boys speak	Meme les garçons parlent
She has some vegetables for free	Elle a gratuitement des légumes
Before and after	Avant et alors
That is just a game	C'est juste un jeu
She is totally unknown	Elle is totalement inconnue
Then we have chosen	Alors nous avons choisi
He is getting better	Il va mieux
Does it really exist?	Ca existe reellement?
Yes, very strongly	Oui, très fortement
For a long time	Pendant longtemps
Apparently, it is better	Apparemment ca va mieux
You are really awesome	Tu es reellement genial
Buy better	Acheter mieux

It is raining heavily	Il pleut fortement
You walked for a long time	Tu as marché longtemps
This animal really exists	Cet animal existe reellement
It is better than nothing	C'est mieux que rien
Fortunately, I am better tonight	Heureusement, je vais mieux ce soir

STORY MODE

FRENCH

"Tu viens encore à la fête?" Demanda Niko.

"Peut-être", répondit-elle.

"Venez, ce n'est qu'un solitaire qui manquerait cela, le reste d'entre nous sont déjà là. En fait, l'entrée s'arrête à neuf heures. Les lignes sont trop longues et vous n'allez jamais entrer si vous êtes en retard. Je vais payer pour vôtre Uber"

"D'accord alors, Je vais m'habiller. "

ENGLISH

"Are you still coming to the party?" Niko asked.

"Maybe." she replied.

"Come now, it is only a loner that would miss this, the rest of us are already here. In fact, the entry stops at nine. The lines are too long, and you'll never get in if you're late. I'll pay for your Uber"

"Alright then, I'll get dressed."

Chapter 8

DEMONSTRATIVES

Keywords: Celui-ci, celui-la, celle-ci, celle-la, ceux-ci, ceux-la, celles-ci, celles-la

He likes that	Il aime ça
These shoes are white	Ces chassures sont blanches
This cat is white	Ce chat est blanc
This man is young	Cet homme est jeune
That cat is pretty	Cette chatte est jolie
These children eat	Ces enfants mangent
This dress is big	Cette robe est grande
They read this book	Ils lisent ce livre
This insect is black and yellow	Cet insecte est noir et jaune
That boy reads a menu	Ce garçon lit un menu
You are eating that	Tu manges ca
This?	Ceci?
It is my daughter's	Cest celui de ma fille
He eats that	Il mange cela
This scarf is my wife's	Cette écharpe est celle de ma femme
Those children are my brother's	Ces enfants sont ceux de mon frère
These are my baby's shoes	Ces chaussures sont celles de mon bébé
This is nice	C'est gentil
I am eating that	Je mange cela
This letter is my aunt's	Cette lettre est celle de ma tante
These books are my cousin's	Ces livres sont ceux de ma cousine
This dog is my grandfather's	Ce chien est celui de mon grand-père
Like this?	Comme ça?

TRAINING TIME

This one is my dog	Celui-ci est mon chien
I prefer that one	Je préfère celle là
This one is green	Celle-ci est verte
This one is yellow and that one is blue	Celui-ci est jaune et celui-là est bleu
She does not like that one	Elle n'aime pas celui-là
This one or that one	Celui-ci ou celui-là
I like that one	J'aime celui-la
Why this one?	Pourquoi celui-ci?
He prefers this one to that one	Il préfère celle-ci à celle-là
You want this one	Tu veux celle-ci
You prefer these	Vous préférez celles-ci
Those are not beautiful	Ceux-la ne sont pas beaux
She does not like those	Elle n'aime pas celles-là
These are beautiful	Ceux-ci sont beaux
We prefer these to those	Nous préférons ci à celles-là
These are black	Ceux-ci sont noirs
My wife likes these	Ma femme aime bien celles ci
These are red and those are blue	Ceux-ci sont rouges et ceux-là sont bleus
They prefer these to those	Ils préférent celles-ci à celles-là

STORY MODE

FRENCH

"Ce chat est joli, mais celui-là est moins cher", a déclaré Miss Alessia, la femme du pont. Elle était debout à côté de l'homme avec un chat noir, Monsieur Laurent, et ils étaient à la boutique pour animaux de compagnie, en train de chercher un chat.

"Ce sont aussi gentils, mais je préfère le noir au blanc", a-t-il dit, tenant une paire de chatons.

"Je les aime tous les deux. Je les veux aussi et ceux-là aussi" dit-elle, en montrant une autre paire de chatons marron.

"Pas de problème, ils sont tous les vôtres", a déclaré Monsieur Laurent. Il a sorti sa carte et a payé pour les chatons.

ENGLISH

"This cat is pretty, but that one is cheaper" said Miss Alessia, the woman from the bridge. She was standing next to the man with a black cat, Mr Laurent, and they were at the pet shop together, checking for a cat.

"These are also nice, but I prefer the black to the white." he said, holding up a pair of kittens.

"I love them both. I want them and those ones too" she said, pointing to another pair of brown kittens.

"No problem, they're all yours" said Mr Laurent. He brought out his card and paid for the kittens.

Chapter 9

CLOTHING

Keywords : Poches, pantalon, sac, chemises, chaussures, vetements, jupes, bottes, costume, portefeuille, manteaux, chapeau, cravat, echarpe, gant, parapluie, jean, veste, chaussettes.

The clothes	Les vetements
The shoes	Les chaussures
The belt, the belts	La ceinture, les ceintures
The pants	Le pantalon
The bag	Le sac
He has a big, black bag	Il a un grand, sac noir
He has shoes	Il a des chassures
The bags are big and red	Le sacs sont grands et rouges
The shoe is red	La chassure est rouge
The pants, The pants	Le pantaloon, Le pantaloons
You have shoes	Vous aves des chassures
The wallet	Le portefeuille
The skirt	La jupe
The suit	Le costume
The shirt	La chemise
The boot	La botte
He has a new hat	Il a un nouveau chapeau
The coat is hot	Le manteau est chaud
The skirts	Les jupes
The wallet is black	Le portefeuille est noir
She has a red boot	Elle a une botte rouge
The boots	Les bottes
The man has shirts	L'homme a des chemises
The umbrella	Le parapluie
The jeans	Le jean

TRAINING TIME

The scarf	L'écharpe
The socks	Les chausettes
The tie	La cravat
He has a jacket	Il a un veste
He has gloves	Il a des gants
She has a red glove	Elle a un gant rouge
She has a black umbrella	Elle a un parapluie noir
The boys' jeans	Les jeans des garçons
The man has a tie	L'homme a une cravat
She has a jacket	Elle a une veste

STORY MODE

FRENCH

Niko: "Ces jeans sont très agréables. Sont-ils neufs?"

Michelle: "Oui, ils le sont. Je suis allé faire les magasins aujourd'hui."

Niko: "C'est cool. Comment c'était?"

Michelle: "Très bien. D'abord, j'ai acheté l'écharpe rouge que je cherchais depuis l'été dernier. Ensuite, j'ai acheté un parapluie et un porte-monnaie. J'ai également acheté deux chemises et des maillons pour mon père, ainsi qu'un capuchon pour vous."

Niko: "Oh, c'est gentil, merci beaucoup mon amour, j'apprécie ça".

"Il fait très de vent et il semble qu'il pleuve. J'aimerais avoir apporté un parapluie", a déclaré Mr Laurent, alors qu'ils sortaient de l'animalerie. Il tenait sur son chapeau d'une main alors qu'ils marchaient dans la rue.

"Et trop frais aussi" dit Miss Alessia.

"J'aimerais avoir un autre manteau, et une paire de gants".

"Je pense que j'ai des gants dans mon sac. Permettez-moi de verifier." a déclaré Mr Laurent.

"Ne vous inquiétez pas, je peux en acheter un dans ce magasin de vêtements. Je peux voir de jolies jupes à vendre dans la fenêtre. Ils ont de beaux costumes aussi, allez, vérifions!"

ENGLISH

Niko: "Those jeans are very nice. Are they brand new?"

Michelle: "Yes, they are. I went shopping today."

Niko: "That's cool. How did it go?"

Michelle: "Quite well. First, i bought the red scarf which I had been looking for since last summer. Then I bought an umbrella and a wallet. I also bought a couple of shirts and skinny ties for my dad, as well as a fitted cap for you."

Niko: "Oh, that's nice, thank you very much my love, I appreciate that."

"It is very windy, and looks like it might rain. I wish we had brought an umbrella." said Mr Laurent, as they exited the pet shop. He was holding onto his hat with one hand, as they walked down the street.

"And chilly too" said Miss Alessia.

"I wish I had another coat, and a pair of gloves."

"I think I have some gloves in my bag. Let me check." said Mr Laurent.

"Don't worry I can buy one in that clothing store. I can see some nice skirts for sale in the window. They have nice suits too, come on, let's check it out!"

Chapter 10

COLOURS

Keywords : Jaune, couleur, bleu, gris, roses, marron, noir, verte, violet, orange, blanc.

Vert	Green
Yellow	Jaune
Blue	Bleu
Black	Noir
Pink	Rose
White	Blanc
Grey	Gris
Orange	Orange
Brown	Marron
The lemon has a yellow color	Le citron a une couleur jaune
Some yellow apples	Des pommes jaunes
A white egg	Un oeuf blanc
The cat is black	Le chat est noir
A blue shirt	Une chemise bleu
The girl has a blue coat	La fille a un manteau bleu
He has green pants	Il a un pantalon vert
The turtle is green	La tortue est verte
You have a brown hat	Tu as un chapeau marron
The hat is purple	Le chapeau est violet
The dog is grey	Le chien est gris
You have some pink shirts	Vous avez des chemises roses
I am eating an orange fish	Je mange un poisson orange
The girl has a pretty pink robe	La fille a un joli robe rose
The elephant is grey	L'éléphant est gris
The coat is purple	Le manteau est violet

TRAINING TIME

Some pink elephants **Des éléphants roses**

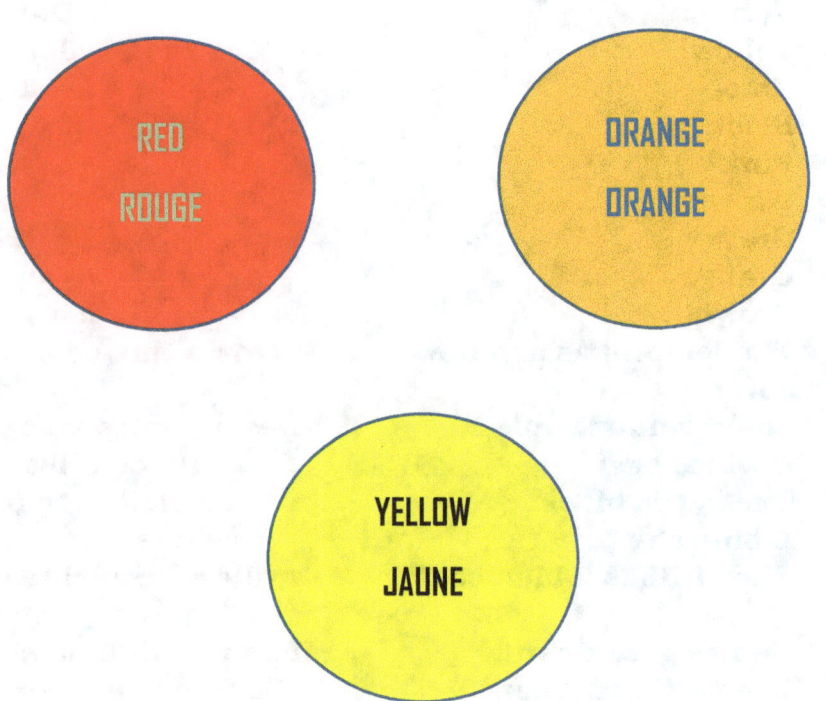

STORY MODE

FRENCH

"Je vous ai écrit un poème", a déclaré Niko.

"Vraiment? C'est genial", a déclaré Michelle.

"Ici, lisez-le." Dit-il, lui tendant une enveloppe orange avec un ruban violet autour de lui. Elle saisit l'enveloppe avec excitation, l'ouvrit et commença à lire à haute voix.

"Les citrons sont jaunes, les nuages sont blancs, alors je dis bonjour, comment allez-vous ce soir. Les roses sont rouges, les graminées sont vertes, de toutes les fleurs, vous êtes le meilleur que j'ai vu. La lune est pleine, le ciel est bleu, et tout ce que je veux, c'est être avec toi "

"C'est vraiment adorable Niko" dit-elle alors qu'elle se précipitait pour l'étreindre.

ENGLISH

"I wrote you a poem" said Niko.

"Really? That's awesome" said Michelle.

"Here, read it." he said, handing her an orange envelope with a purple ribbon around it. She grabbed the envelope excitedly, opened it, and began to read out aloud.

"Lemons are yellow, clouds are white, so I say hello, how are you tonight. The roses are red, the grasses are green, of all the flowers, you're the best I've seen. The moon is full, the sky is blue, and all I want is to be with you'

"It's really lovely Niko" she said, as she rushed to hug him.

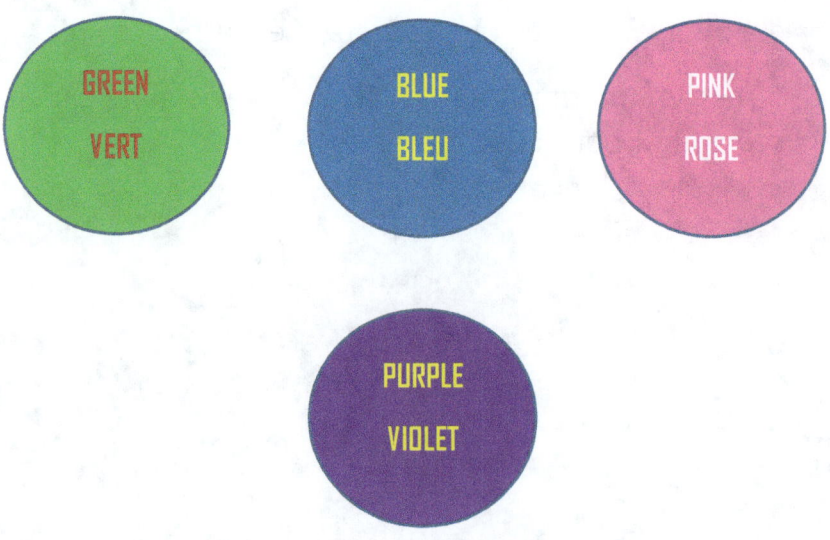

Chapter II

POSESSION

Keywords: Les tiennes, mes, tes, les siennes, mon, ta, sa, ton, son, ma, leur, les miens, les miennes, les tiens, les siens, les nôtres, les vôtre s, ses, leurs, nos, vos, nôtre, vôtre.

Your cat	Ton chat
My dress	Ma robe
My book	Mon livre
Her dress	Sa robe
His coat	Son manteau
Their black dress is nice	Leur robe noire est jolie
Your dress is red	Ta robe est rouge
My hat	Mon chapeau
Their pepper is black	Leur poivre est noir
His pepper is black	Son poivre est noir
My wife is cooking	Ma femme cuisine
My dresses	Mes robes
Our dresses	Nos robes
Her children are small	Ses enfants sont petits
Our cat eats fish	Nôtre chat mange du poisson
Your apples are red	Tes pommes sont rouges
Their children are reading	Leurs enfants lisent
Are these your fruits?	Ce sont vos fruits?
Your hat	Vôtre chapeau
Your wife is tall	Vôtre femme est grande
You are eating mine	Tu manges les mien
I like your dress and mine	J'aime ta robe et la mienne
Yours is small	La tienne est petite
It is hers	C'est le sien

It is yours	C'est le tien

TRAINING TIME

This book, it is mine	Ce livre, c'est le mien
My pocket is small and yours is big	Ma poche est petit et la tienne est grande
Mine is red	La mienne est rouge
They are drinking their milk and mine	Ils boivent leur lait et le mien
Yes, it is my belt and not yours	Oui, cest ma ceinture et non la tienne
This is my sandwich and not yours	C'est mon sandwich et non le tien
It is yours	C'est la vôtre
This baguette is ours	Cette baguette est la nôtre
This elephant is theirs	Cet éléphant, c'est le leurs
It is theirs	Cest la leur
This book is yours	Ce livre est le vôtre
Is this yours?	Est-ce la vôtre?
This cow is theirs	Cette vache est la leur
This letter is yours	Cette lettre est la vôtre
It is ours	C'est le nôtre

PART B

Those dresses are yours	Ces robes sont les tiennes
These letters are mine	Ces lettres sont les miennes
These children are mine	Ces enfants sont les miens
These gloves are yours	Ces gants sont les tiens
These children are his	Ces enfants sont les siens
These are hers	Ce sont les siennes

These strawberries are not yours	Ces fraises ne sont pas les vôtres
These shoes are not yours	Ces chaussures ne sont pas les vôtres
These documents are hers	Ces documents sont les siens
These keys are not hers	Ces clés ne sont pas les siennes

TRAINING TIME

These books are mine	Ces livres sont les miens
These albums are not hers	Ces albums ne sont pas les siens
Are they mine?	Est-ce que ce sont les miens?
These skirts are theirs	Ces jupes sont les leurs
These computers are ours	Ces ordinateurs sont les nôtres
These files are yours	Ces dossiers sont les vôtres
Can he bring his photos and theirs?	Peut-il apporter ses photos et les leurs?
These pens are ours	Ces stylos sont les nôtres
These children are theirs	Ces enfants sont les leurs
I closed your room but not theirs	J'ai fermé ta chambre mais pas les leurs
They are not ours	Ce ne sont pas les nôtres
These vegetables are not yours	Ces légumes ne sont pas les vôtres
This is a present for you and the children	Ceci est un cadeau pour vous et les enfants

STORY MODE

FRENCH

Mr. Laurent: "Ce costume est semblable au mien; N'est-ce pas?"

Miss Alessia: "La plupart des costumes sont similaires, contrairement aux robes. Il suffit de regarder autour du magasin, le leur a des boutons rouges, tandis que le vôtre est bleu. Même cet homme a quelque chose de similaire, mais le sien a une seule poche."

Mr. Laurent: "Je vois. Tu as raison."

ENGLISH

Mr Laurent: "This suit is similar to mine; don't you think so?"

Miss Alessia: "Most suits are similar, unlike dresses. Just look around the store, theirs has red buttons, while yours is blue. Even that man has something similar, but his own has one only pocket."

Mr Laurent: "I see. You're right."

Chapter 12

CONJUNCTIONS

Keywords: Sinon, mais, parce que, lorsque, alors que, pendant que, autant que, si, ou, comme, donc, quand, car, s'.

You are eating when I am drinking	Tu manges quand je bois
You want a child or a dog?	Tu veux un enfant ou un chien
She drinks therefore I drink	Elle boit, donc je bois
I am like that	Je suis comme ça
I am small because I am a child	Je suis petit car je suis un enfant
It is a cat, but it eats vegetables	C'est un chat, mais il mange des légumes
Yes or no	Oui ou non
She eats bread when she wants	Elle mange du pain quand elle veut
It is coffee, but he likes it	Cest du café, mais il aime ça
A boy or a girl?	Un garçon ou une fille?
He is eating , therefore I am eating	Il mange, donc je mange
You eat like a pig	Tu manges comme un cochon
It is coffee, but he likes it	Cest du café, mais il aime ça
Because what?	Parce que quoi?
Otherwise, I drink coffee	Sinon, je bois du café
I like when my daughter reads	J'aime lorsque ma fille lit
He talks while I read	Il parle alors que je lis

I write while he eats	J'écris, alors qu'il mange
He is big because he eats fries	Il est gros parce qu'il mange des frites
Otherwise, I want a child	Sinon, je veux un enfant
They write while he reads	Elles écrivent, alors qu'il lit
He is reading as I am speaking	Il lit alors que je parle
I am eating because you are eating	Je mange parce que tu manges
He likes this shirt because it is blue	Il aime cette chemise parce qu'elle est bleue
She eats while I drink	Elle mange pendant que je bois

TRAINING TIME

If he talks, we talk	S'il parle, nous parlons
If yes, how?	Si oui, comment?
If I eat, I am fine	Si je mange, je vais bien
Alright, if we can	D'accord si nous pouvons
While I read, he writes	Pendant que je lis, il écrit
If he speaks, we speak	S'il parle nous parlons
Yes, if your dog is small	Oui, si ton chien est petit
If it's snowing, I drink tea	S' il neige, Je bois du thé

STORY MODE

FRENCH

Niko: "Avez-vous apprécié le repas?"

Michelle: "Oui, je dois avouer que je pensais à une autre assiette tout en mangeant celle-ci".

Niko: "Bien. Je l'aime quand les gens apprécient ma nourriture."

Michelle: "La sauce est-elle faite avec du mouton ou du boeuf?"

Niko: "Mouton. Il y a plus pour vous si vous voulez."

Michelle: "Je suis presque plein, mais je pourrais aussi avoir un autre, parce que je n'ai pas l'intention de cuisiner ce soir".

ENGLISH

Niko: "Did you enjoy the meal?"

Michelle: "Yes, I must confess I was thinking of another plate whilst eating this one."

Niko: "Good. I like it when people enjoy my food."

Michelle: "Is the sauce made with mutton or beef?"

Niko: "Mutton. There is more for you if you want."

Michelle: "I'm almost full, but I may as well have another, because I do not plan on cooking tonight."

Chapter 13

QUESTIONS

Keywords: combien, quand, que, ou, lesquels, qu, laquelle, lequel, lesquelles, qu'est-ce que, qu'est-ce, pourquoi, comment, t, qui, est-ce que, est-ce qu', quel.

Which one?	Lequel?
How?	Comment?
Where?	Où?
What do you have?	Qu'avez-vous?
Does he speak?	Parle-t-il?
What is she reading?	Que lit-elle?
Why are you eating bread?	Porquoi manges-tu du pain?
Laquelle?	Which one?
Why do you like fish?	Pourquoi aimes-tu les poisson?
What do the girls eat?	Que mangent les filles?
How is your wife?	Comment va ta femme?
How much?	Combien?
What?	Quoi?
What do you want?	Qu'est-ce que tu veux?
When does she read?	Quand lit-elle?
What does she like?	Qu'est-ce qu'elle aime?
Which ones are your children?	Lesquels sont vos enfants?
What is he eating?	Qu'est-ce qu'il mange?
When do you eat bread?	Quand manges-tu du pain?
Which ones are your children?	Lesquels sont vos enfants?
Who?	Qui?
Which is your belt?	Quelle est ta ceinture?
Does she have an umbrella?	Est-ce quelle a un parapluie?

Do you have vegetables?	Est-ce que vous avez des légumes?
Which is your dog?	Quell est ton chien?

TRAINING TIME

Does he like my hat?	Est-ce qu'il aime mon chapeau?
Who?	Qui?
Do you like chocolate?	Est-ce qu'il aime le chocolat?
Does she like your necktie?	Est-ce qu'elle aime ta cravate?
Who is talking?	Qui parle?
Who am I?	Qui suis je?

STORY MODE

FRENCH

"Bonjour, madame Michelle, je suis Niko, représentant simpleway fm, et j'aimerais vous poser quelques questions si cela ne vous dérange pas".

"Bien sûr vas y."

"D'accord. Question un. Où puis-je vous trouver le samedi soir?"

"À la maison. Au lit."

"Qui est vôtre artiste musical préféré?"

"Je n'en ai pas un en particulier, mais j'écoute actuellement l'album Hndrxx par Future"

"Lequel préférez-vous, du vin ou de la bière?"

"Les femmes ne boivent que du vin".

"Quand est-ce correct d'appeler après avoir obtenu vôtre numéro?"

"Dès que vous l'obtenez, qu'attendez-vous?"

"Que voulez-vous faire le week-end?"

"Nettoyez, faites cuire, regardez une comédie romantique".

ENGLISH

"Hello miss Michelle, I am Niko, representing simpleway fm, and I'd like to ask you a few questions if you don't mind.

"Sure, go ahead."

"Ok. Question one. Where am I most likely to find you on a Saturday night?"

"At home. In bed."

"Who is your favorite musical artist?"

"I don't have one in particular, but I am currently listening to the Hndrxx album by Future"

"Which one do you prefer, wine or beer?"

"Ladies drink wine only."

"When is it okay to call after getting your number?"

"As soon as you get it, what are you waiting for?"

"What do you like to do on the weekends?"

"Clean, cook, watch a romantic comedy."

Chapter 14

ADJECTIVES

Keywords: Jeune, grand, grande, jolie, joli, nouveau, petite, petit, nouvelle, froid, froide, chaude, chaud, noire, premiere, beau, meme, genial, difficiles troisieme, claire, gros, grosse, enorme, mechant, seule, gentil, pet, serieux, sec, Americaines, Africaines, Allemande, Espagnol, Italien, Chinois, Japonais, Anglaise, Europeen.

They are good men	Ce sont des hommes bons
The first men	Les premiers hommes
He has the same coat	Il a le même manteau
This is my last shirt	C'est ma dernière chemise
He is small but he is handsome	Il e petit mais il est beau
This is a good boy	C'es un garçon bien
He is writing a long letter	Il écrit une longue lettre
The milk is good	Le lait est bon
They are reading the same books	Ils lisent les mêmes livres
Your jeans are long	Ton jean est long
The long dresses	Les robes longues
Good apples	Bon pommes
The beef is a good meat	Le boeuf est une bonne viande
This is long	Cest long
French	Français
Great	Génial
You are drinking the wrong wine	Tu bois le mauvais vin
The second cat eats the meat	Le second chat mange la viand

It is a beautiful bird	C'est un bel oiseau
It is simple	C'est simple
You are beautiful	Tu es belle
Do you speak French?	Parlez-vous Français?
The baguette is French	La baguette est française?
This is his second wife	C'est sa seconde femme
This is brilliant	C'est genie

TRAINING TIME

I am French	Je suis Français
The second cat eats the meat	Le second chat mange le viande
Who wants the third banana?	Qui veut la troisième banana?
You are impossible	Tu es impossible
This is difficult	C'est difficile
Are they different?	Sont-ils différents?
This is important	C'est important
The children are numerous	Les enfants sont numbreux
The second belt is nice	La deuxième ceinture est jolie
This is an important letter	C'est un lettre importante
Different dresses	Des robe différentes
My book is difficult	Mon livre est difficile
My shirt has different colours	Ma chemise a différentes couleurs
L'alcool est fort	The alcohol is strong
I am poor	Je suis pauvre
I am eating the big crepes	Je manges grosses crêpes
She speaks and she is clear	Elle parle et elle est Claire
This is tough	C'est dur
The soup is clear	La soupe est claire

The elephants are big	Les éléphants sont gros
My shirt is big	Ma chemise est large
The whale is big	La baleine est grosse
The men are strong	Les hommes sont forts
Are the girls poor?	Les filles sont-elles pauvres

TRAINING TIME

The beer is strong	La biére est forte
The dog is vicious	La chienne est mechante
The boy is funny	Le garçon est drole
I am strong	Je suis fort
Is she Japanese?	Elle est Japonaise?
Your pig is ugly	Ton cochon est laid
Your hat is dark	Ton chapeau est somber
You are stupid	Tu es bête
The elephant is huge	L'éléphant est énorme

PART B

This is ugly	C'est laid
This is huge	C'est énorme
She has an English skirt	Elle a une jupe Anglaise
They are European	Ils sont Européens
This is a Spanish horse	C'est un cheval Espagnol
She is African	Elle est Africaine
My wife is Chinese	Ma femme est Chinoise
I am Italian	Je suis Italien
Pierre is friendly	Pierre est sympa
Is he Chinese?	Il est Chinois?
Are you English?	Etez-vous Anglais?
Which ones are Spanish?	Lesquels sont Espagnols?
She is European	Elle est européenne

These men are African	Ces hommes sont Africaines
Her pants are dry	Son pantaloon est sec
I am American	Je suis Américain

TRAINING TIME

We are ready	Nous sommes prêts
This is a serious man	C'est un homme sérieux
Is that girl nice?	Cette fille est-elle gentille?
I am German	Je suis Allemand
This is nice	C'est gentil
The turtle is alone	La tortue est seule
Who is ready?	Qui est prêt?
My dress is dry	Ma robe est sèche
We are alone	Nous sommes seuls
Are you alone?	Tu es seul?
Your shirt is dirty and grey	Ta chemise est sale et grise
You are eating a light meal	Tu mange un repas léger
My own wife is alone	Ma proper femme est seule
The woman is light	La femme est légère
They are nice	Ils sont jolis
We are clean	Nous sommes propres
Yes, she is pretty	Oui, elle est jolie
My wife is pretty	Ma femme est jolie
My child is pretty	Mon enfant est jolie
This is lovely	Cest jolie
I am the best	Je suis le meilleur
The calender is flat	Le calendrier est plat
This is real	C'est réel
It is electric	Il est électrique
It is always the same	C'est toujours pareil

TRAINING TIME

It is worse	C'est pure
Yes, it is logical	Oui, c'est logique
This animal is real	Cet animal est réel
The mirror is flat	Le miroir est plat
She is a young secretary	C'est une jeune secrétaire
This is an ordinary day	C'est une journee ordinaire
It is the deepest	C'est la plus profonde
He is looking for a steady job	Il cherche un emploi fixe
You are useless	Vous êtes inutile
They are free	Elles sont libres
Water is indispensable	L'eau est indispensable
This calendar is very precise	Ce calendrier est très précis
The glass is rather deep	Le verres est assez profound
I am not free	Je ne suis pas libre
This letter is useless	Cette lettre est inutile
The bear eats an apple	L'ours mange une pomme
This dolphin is a living animal	Ce dauphin est un animal vivant
You are popular	Tu es populaire
Maps are practical	Les cartes sont pratiques
A whole month?	Un mois complet?
The lamp is light and solid	La lampe est légère et solide
It is a private newspaper	C'est un journal privé
This holiday is famous	Cette fête est célèbre
No, it is not convenient	Non, ce n'est pas pratique
I am alive	Je suis vivante

TRAINING TIME

This is a private pool	C'est une piscine privée
You are responsible	Vous êtes responsible
This toy is very interesting	Ce jouet est très intéressant
They are secret documents	Ce sont des documents
It is closed	C'est fermé
My crepe is thin	Ma crêpe est fine
He is quite wild	Il est assez sauvage
It is simple and efficient	C'est simple et efficace
They are responsible	Ils sont responsables
Her books are interesting	Ses livres sont intéressants
His recipe is secret	Sa recette est secrète
The cake is very thin	Le gâteau est très fin
It is secret	C'est secret
You eat my baguettes	Vous mangez mes baguettes
The glass is not tall	Le verre n'est pas haut
This bowl is very precious	Ce bol est très précieux
He is powerful	Il est puissant
This robot is dangerous	Ce robot est dangereaux
She is an ideal queen	C'est une reine idéale
Your mothers are old	Vos mères sont agees
The coin is fake	La pièce est fausse
He is too dangerous	Il est trop dangereux
The table is high	La table est haute
It is an ideal dog	C'est un chien idéal
Those objects are precious	Ces objets sont précieux

TRAINING TIME

This is false	C'est faux

My parents are not very old	Mes parents ne sont pas très âgés
He is eating raw chicken	Il mange du poulet cru
The beef is not fatty	Le bouef n'est pas gras
It is special	C'est spécial
I love all my children	J'aime tous mes enfants
She is a married woman	C'est une femme mariée
He is a wise king	C'est un roi sage
She is there like my mother	Elle est la, telle ma mère
I have a lot of time	J'ai tout mon temps
He is married	Il est marié
The red apples are not special	Les pommes rouges ne sont pas spéciales
Today, the children are well behaved	Aujourd'hui, les enfants sont sages
All the women	Toutes les femmes
Come on Tuesday, if it is possible	Viens mardi, si c'est possible
That snake is terrible	Ce serpent est terrible
She is magnificent	Elle est magnifique
She is independent	Elle est independente
That whale is incredible	Cette baleine est incroyable
It is not personal	C'est nes pas personnel
The butter is normal	Le beurre est normal
This is a normal teacher	C'est une enseignante normale
It is an independent couple	C'est une couple indépendante
This letter is very personal	Cette lettre est très personnelle
My sons are now independent	Mes fils sont indépendants maintenant

TRAINING TIME

These young women are very independent	Ces jeunes femmes sont très indépendantes
I am single	Je suis célibataire
He is very careful	Il est très prudent
An elephant is heavy	Un éléphant est lourd
She is not old	Elle n'est pas vielle
You are a perfect woman	Tu est une femme parfait
It is noisy here	C'est bruyant ici
She sells an old hat	Elle vend un ancien chapeau
You are perfect	Vous êtes parfait
Our house is old	Nôtre maison est ancienne
They are often noisy	Elles sont souvent bruyantes
These are old houses	Ce sont de vielles maisons
I am careful	Je suis prudente
It is an old animal	C'est un viell animal
To be a child is easy	Etre un enfant est facile
This is a blond girl	C'est une fille blonde
She is brunette	Elle est brune
She finishes fourth	Elle finit quatrième
His cousin is redheaded	Son cousin et roux
It is our fifth house	C'est nôtre cinquième maison
Our son is not dark-haired	Nôtre fils n'est pas brun
I am not redheaded	Je ne suis pas rousse
A tomato is round	Une tomate est ronde
To have a cat is easy	Avoir un chat est facile
She is friendly	Elle est sympa

TRAINING TIME

She reads a whole letter	Elle lit une lettre entière
No animal drinks	Aucun animal ne boit
He is frank	Il est franc
She writes to me every week	Elle m'écrit chaque semaine
I have several long dresses	J'ai phisieurs robes longuers
You have some books	Vous avez quelques livres
The book is new	Le livre est nouveau
The milk is cold	Le lait est froid
I am a little child	Je suis un petit enfant
The beer is new	La bière est nouvelle
The bread is hot	Le pain est chaud
I am small	Je suis petit
The water is black	L'eau est noire
The tea is hot	Le thé est chaud
The jam is new	La confiture est nouvelle
She has a large dress	Elle a une grande robe
You are eating a big sandwich	Tu manges un grand sandwich
The wolf is young	Le loup est jeune
The dress is warm	La robe est chaude
The dog is pretty	La chienne est jolie
The soup is cold	La soupe est froid
The bird is pretty	L'oiseau est joli
I am young	Je suis jeune
I am tall	Je suis grande
The dolphin is pretty	Le dauphin est joli

TRAINING TIME

You are tall	Vous êtes grande
The dress is pretty	La robe est jolie
You are young	Vous êtes jeune

Some men are bad	Certains hommes sont mauvais
Is that a recent photo?	Est-ce une photo récente?
My future wife is great	Ma future femme est magnifique
This record is unknown in Europe	Ce disque est inconnu en Europe
Its scent is very nice	Son odeur est très agréable
That drink is magical	Cette boisson est magique
We see each other next month	Nous nous voyons le mois prochain
The newspapers are recent	Les journaux sont récents
What does your future wife do?	Que fait vôtre futur femme?
I will call you next week	Je vous appellee la semaine prochaine
Her date of birth is unknown	Sa date de naissance est inconnue
Is the newspaper recent?	Le journal est-il récent?
My next boots will be red	Mes futures bottes vont être rouges
These feelings are universal	Ces sentiments sont universels
The other client has a hat	L'autre cliente a un chapeau
A cultural newspaper	Un journal culturel
I am eating half an apple	Je mange une pomme
Her nephew is slim	Son neveu est mince
These fries are excellent	Son frites sont excellentes
The robot is shiny	Le robot est brilliant

The other women	Les autres femmes
It is an excellent meal	C'est un excellent repas

TRAINING TIME

His wife is brilliant	Sa femme est brillante
Love is a universal feeling	L'amour est un sentiment universel
We like the cultural weeks	Nous aimons les semaines culturelles
The printing is excellent	L'impression est excellente
We have a new book	Nous avons un livre neuf
And it is positive	Et c'est positif
Children are not of age	Les enfants ne sont pas majeurs
We are international	Nous sommes internationaux
This magazine is free	Ce magazine est gratuit
He didn't feel lost	Il ne se sentait pas perdu
This work is global	Ce travail est mondial
The books are new	Les livres sont neufs
Our son is not of age	Nôtre fils n'est pas majeur
We are international	Nous sommes internationales
You are positive	Vous êtes positifs
A lot of records were lost	De mobreux disques ont été perdus
They seem new	Elles semblent neuves
Positive or negative?	Positif ou négatif?
They are very professional	Ils sont très professionnels
I adore your new recipes	J'adore tes nouvelles recettes
In general, I get up early	En général, je me lève tôt

My car is great	Ma voiture est super
It is random	C'est aléatoire
Those books remain very current	Ces livres restent très actuels
She is very professional	Elle est très professionnelle

TRAINING TIME

The sum is negative	La somme est négative
He is professional	Il est professionnel
The square is empty	La place est vide
He is present	Il est présent
Are you busy at the moment?	Etes-vous occupée en ce moment?
It is a technical case	C'est un dossier technique
He has a bag full of vegetables	Il a un sac plein de légumes
The happiness was twofold	Le Bonheur était double
We are present	Nous sommes présents
The national newspapers	Le journaux nationaux
I am not busy	Je ne suis pas occupé
I do not understand technical things	Je ne comprends pas les choses techniques
It is a national shame	C'est une honte nationale

PART D

They are superior to them	Ils sont supérieurs à elles
The modern period	La période moderne
Is it necessary?	Est-ce nécessaire
The weather is cool today	Le temps est frais aujourd'hui

I like physical work	J'aime le travail physique
The emotion is immense	L'émotion est immense
I like modern buildings	J'aime les bâtiments modernes
The telephones are public	Les téléphones sont publics
It is not necessary	Ce n'est pas nécessaire
The apple is delicious	La pomme est délicieuse
The tiredness is exteme	La fatigue est extreme
I am certain of that	Je suis certain de cela

TRAINING TIME

It is fragile	C'est fragile
The store is always open	La boutique est toujours ouverte
Banks are not open on Saturday	Les banques ne sont pas ouvertes le samedi
We are not open on Saturdays	Nous ne sommes pas ouverts le samedi
My computer is fragile	Mon ordinateur est fragile
This exact number	C'est un nombre exact
Is it useful?	C'est utile?
That is rare	C'est rare
My pants are tight	Mon pantalon est étroite
The uncle is curious	L'oncle est curieux
The following weeks	Les semaines suivantes
The original disc	Le disque original
I am writing the next letter	J'écris la lettre prochain
The street is very narrow	La rue est très étroite
The following months	Les mois suivants

Those staircases are very narrow	Ces escaliers sont très étroite
The knife is useful	Le coteau est utile
The following weeks	Les semaines suivantes
I am not interested	Je ne suis pas intéressé
It is pure	Il est pur
The oil is pure	L'huile est pure
You are a nice lady	Vous êtes une dame sympathique
The car is too slow	La voiture est trop lente
The animal is extraordinary	L'animal est extraordinaire
Is it comfortable?	C'est confortable?

TRAINING TIME

He has a foreign car	Il a une voiture étrangère
This menu is strange	Ce menu est étrange
You are as slow as a turtle	Tu es aussi qu'une tortue
Are you interested?	Es-tu intéressé?
It is a foreign object	C'est un objet étranger
This is natural	C'est naturel
The distance was short	La distance était courte
She is a real woman	C'est une vrai femme
Is it serious?	Est-ce grave?
This is short	C'est court
They are real children	Ce sont de vrais enfants
She likes short skirts	Elle aime les jupes courtes
The tea is natural	Le thé est naturel

STORY MODE

FRENCH

Niko: "Jouons à un jeu, on appelle des déclarations contrastées et cela signifie exactement cela. J'irai d'abord."

"Le ciel est sombre mais il ne reste que neuf heures du matin".

Michelle: "Mon salaire est bon, mais le travail est difficile".

Niko: "Le soleil brille mais le vent est froid".

Michelle: "Mon copain est drôle mais ses blagues sont sèches."

Niko: "Vous êtes belle mais vous êtes méchant".

ENGLISH

Niko: "Let's play a game, its called contrasting statements and it means exactly that. I will go first."

"The sky is dark but it is just nine in the morning."

Michelle: "My salary is nice, but the work is difficult".

Niko: "The sun is shining but the wind is cold."

Michelle: "My boyfriend is funny but his jokes are dry."

Niko: "You are beautiful but you are mean"

Chapter 15

PRONOUNS

Keywords: N'importe quoi, on, me, m', te, t', se, s', que, qu', la, l', le, y, qui, vous, ou, nous, les, en, quelque, chose, le meme, la meme, autres, chacun, aucun, auxquels, canards, leur, moi, toi, eux, lui, don't, tout, un, quelqu'un, quelques uns,

We drink	On boit
What is his name?	Il s'appelle comment?
She reads me a book	Elle me lit un livre
My name is Remy	Je m'appelle Remy
I want you	Je te veux
What is your name?	Comment t'appelle tu?
My name is Pierre	Je m'appelle Pierre
He looks for me	Il me cherche
She loves you	Elle t'aime
I go there	J' y vais
The monkey is grey	Le singe est gris
The dress that she wants is red	La robe qu'elle veut est rouge
We are going there	Nous y allons
I have it	Je l'ai
This is the banana I want	Cest la banana que je veux
What do you have?	Qu'est-ce que tu as?
She loves him	Elle l'aime
This is the man that I know	Cest l'homme que je connais
I have some	J' en ai
He loves them	Il es aime
What do you write?	Qu'écrivez-vous?
We are writing something	Nous écrivons quelque chose
He loves us	Il nous aime

The boy who writes a letter	Le garçon qui écrit une lettre
Hello, how are you?	Salut, comment ça va?

TRAINING TIME

We drink and we eat	Nous buvons et nous mangeons
Why are you waiting?	Porquoi attendez-vous?
You love us	Vous nous aimez
I want them	Je les veux
He loves them	Il les aime
The book is mine	Le livre est à moi
The dress that I gave her	La robe que je lui ai donnée
I have a great deal of respect for you	J'ai un grand respect pour toi
And what do I tell them?	Et je leur dis quoi?
I am worried about him	Je suis inquiète pour lui
The dog is for you	Le chien est pour toi
My father and I are alike	Mon père et moi nous sommes pareils
I am younger than you	Je suis jeune plus toi
The cake is for them	Le gâteau est pour eux
Is it still you?	C'est encore vous
It is too much for me	C'est trop pour moi
It is possible for you	C'est possible pour toi
Non, ce sont eux	No, it is them
I wish him a good night	Je lui souhaite une bonne nuit
None	Aucun
All	Toutes
Except for one	Sauf un
He is all red	Il est tout rouge
He often helps others	Il aide souvent les autres

Everyone is free to choose	Chacun est libre de choisir

TRAINING TIME

There are seven of us, including me	Nous sommes sept, don't moi
It is the same for all	C'est la même chose pour tous
They are all red	Elle sont toutes rouges
She talks to herself	Elle parle toute seule
Any	Aucune
Someone is eating	Quelqu'un mange
Her neighbor has the same	Son voisin a la même
She talks nonsense	Elle dit n'importe quoi
I have the same	J'ai le même
Somebody is here	Quelqu'un est ici
My father owns the same one	Mon pere possede la même
He eats anything	Il mange n'importe quoi
I want some of these books	Je veux quelques uns de ces livres
I can eat anything	Je peux manger n'importe quoi
Is it for someone?	Est-ce pour quelqu'un?
It is not the same as mine	Ce n'est pas la même que la mienne

STORY MODE

FRENCH

Mr Laurent: "Où sont les chatons? Je l'ai apporté pour eux."

Miss Alessia: "Merci, mais c'est trop. Les chatons aiment jouer avec leur nourriture, à l'exception de celle-là. Ils ne mangent pas autant qu'il le fait, et c'est pourquoi il est plus grand que tous les autres."

ENGLISH

Mr Laurent: "Where are the kittens? I brought this for them."

Miss Alessia: "Thank you but this is too much. The kittens love playing with their food instead, except for that one. They do not eat as much as he does, and that is why he is bigger than all the others."

Chapter 16

PREPOSITIONS

Keywords: Chez, de, pour, d', a', dans, au, aux, contre, sur, sans, entre, sous, vers, depuis, pendant, parmi, sauf, durant, selon, derriere, malgre, un petit peu de, avant, un peu de, apres.

Which ones are yours?	Lesquels sont a vous?
We say good morning to the dolphin	Nous disons bonjour au dauphin
It is in the pocket	Cest dans le poche
He is interested in books	Il s'intéresse aux livres
There is a bag of apples	Il y a un sac de pommes
I have got a turtle	J'ai un tortue d'eau
This bread is for the ducks	Ce pain est pour le canards
The skirt is from London	La jupe est de Londres
He lives in Mexico	Il vit au Mexico
The tomato is for the soup	La tomate est pour la soupe
Good morning to you	Bonjour à vous
Thank you for the meal	Merci pour la repas
We are among men	Nous sommes entre hommes
Under your hat	Sous vôtre chapeau
The cat walks on my shirt	Le chat marche sur ma chemise
You go towards the horse	Tu vas vers le cheval
We want to play against you	Nous voulons jouer contre vous
Yes, it is at home	Oui, elle est chez elle
With or without water	Avec ou sans eau

The cat is on the carpet	La chatte est sur le tapis
I walk towards her	Je marche vers elle
He is with us or against us	Il est avec nous ou contre nous
It is a glass without water	C'est un verre sans eau
The dog eats between the cats	Le chien mange entre les chattes
I am going to dine at my parents	Je vais dîner chez mes parents

TRAINING TIME

The menu is on the plate	Le menu est sur l'assiete
I sleep against the wall	Je dors contre le mur
During my youth	Durant ma jeunesse
It has been raining since yesterday	Il pleut de puis hier
We are among you	Nous sommes parmi vous
According to you, it is yellow	Selon vous, c'est jaune
Yes, except when it is raining	Oui, sauf quand il pleut
I eat during the day	Je mange pendant la journee
And behind, the tallest	Et derrière, le plus grands
Since when?	De puit quand?
Except my wife	Non sauf ma femme
I drink during the night	Je bois pendant la nuit
The cat is behind her	Le chat est derrière elle
For fifteen minutes	Pendants quinze minutes
A black cat is sleeping among the white dogs	Un chat noir dort parmi les chiens blancs

You walk during your lunch hour	Tu marches pendant ton heure de déjeuner
During the night	Durant la nuit
She no longer has any milk	Elle n'a plus de lait
Do you want a little bit of cake	Veux-tu un petit peu de gâteau
And before dinner?	Et avant le dîner?
I am drinking a little coffee	Je bois un peu de café?
After the evening meal?	Après le repas du soir?
I am reading in spite of the night	Je lis, malgré la nuit
He is before his wife	Il est avant sa femme
I sleep after dinner	Je dors après le dîner

TRAINING TIME

We can see in spite of the night	Nous voyons malgré la nuit
The cow eats before the man	La vache mange avant l'homme
She has a little bread	Elle a un peu de pain
Their father drinks a little bit of wine	Leur père boit un petit peu de vin
The uncle has a little bit of rice	L'oncle a un peu de riz
The woman drinks before the horse	La femme boit avant le cheval

STORY MODE

FRENCH

"Merci pour les roses Niko, mais il reste encore deux semaines pour les valentines", a déclaré Michelle.

"Valentines parle de ce qui se passe ici", dit-il en tapotant sa poitrine.

"Je n'ai pas besoin d'attendre deux semaines pour vous séréner, mon amour".

"Ces chocolats sont également pour vous. Où puis-je les garder, sur la table ou sur le lit?"

"Sur la table."

"Merci pour les cadeaux, le chocolat est le nôtre, alors nous pouvons l'ouvrir ensemble".

ENGLISH

"Thank you for the roses Niko, but it is still two weeks to valentines." Michelle said.

"Valentines is about what's in here." he said, tapping his chest.

"I don't need to wait two weeks to serenade you, my love."

"These chocolates are also for you. Where do I keep them, on the table or on the bed?"

"On the table."

"Thank you for the gifts, the chocolate is ours, so let's open it together."

Chapter 17

NUMBERS

Keywords : Nombre, egale, somme, zero, un, deux, trois, quatre, cinq, six, sept, huit, neuf, dix, onze, douze, treize, quatorze, quinze, seize, dix-sept, dix-huit, dix-neuf, vingt, vingt-neuf, trente, quarante, cinquante, soixante, soixante-dix, cent, centaines, mille, millions, milliards.

Zero	Zéro
One	Un
Two	Deux
Three	Trios
Four	Quatre
Five	Cinq
Six	Six
Seven	Sept
Eight	Huit
Nine	Neuf
Ten	Dix
Eleven	Onze
Twelve	Douze
Thirteen	Treize
Fourteen	Quartoze
Fifteen	Quinze
Sixteen	Seize
Seventeen	Dix-sept
Eighteen	Dix-huit
Nineteen	Dix-neuf
Twenty	Vingt
I like this number	J'aime ce nombre
I eat three apples	Je mange trois pommes
They are five	Elles sont cinq
We have two daughters	Nous avons deux filles

TRAINING TIME

One, two, three, four	Un, deux, trois, quatre
Five women	Cinq femmes
I have eleven white shirts	J'ai onze chemises blanches
She has twelve cats	Elle a douze chats
I have thirteen cats	J'ai treize chats
Daniel has seven white ducks	Daniel a sept canards blancs
She has ten children	Elle a dix enfants
They buy eight umbrellas	Elles achètent huit parapluies
Can they eat eleven apples?	Peuvent-ils manger onze pommes?
She owns nine cats	Elle possède neuf chats
We have twenty children	Nous avons vingt enfants
This number has six zeros	Ce nombre a six zéros
No, the twenty ducks	Non, les vingt canards
We eat nineteen crepes	Nous mangeons dix neuf crêpes
Fifteen men	Quinze hommes

PART B

Thirty	Trente
Fourty	Quarante
Fifty	Cinquante
Sixty	Soixante
Seventy	Soixante-dix
Eighty	Quatre-vingt
Ninety	Quatre-vingt-dix
A hundred	Cent
What is the sum of twenty and thirty?	Quelle est la somme de vingt et trente?
Five plus four equals nine	Cinq plus quatre égale neuf

TRAINING TIME

He is sixty years old	Il a soixante ans
Your boyfriend is fourty	Ton petit ami a quarante ans
In fifty years	Dans cinquante ans
It is five thirty	Il est cinq heures trente
Three minus two equals one	Trois moins deux égale un
We propose a small sum	Nous proposons une petite somme
We have one thousand coins	Nous avons mille pièces
It has a million pieces	Il a un million de pièces
We are seven billion	Nous sommes sept milliards
Where are my millions?	Ou sont mes millions?
My neighbor is seventy	Mon voisin a soixante-dix ans
In the nineties	Dans les années quatre-vingt dix
One billion	Un milliard
There are two hundred women	il y a deux cents femmes
The figure is huge	Le chiffre est énorme
I have around ten friends	J'ai une dizaine d'amis
There are seventy one children	Il y a soixante-et-onze enfants
I have eighty one books	J'ai quatre-vingt-un livres
Eighty five	Quatre-vingt-cinq
I know hundreds of people	Je connais des centaines de personnes
We do not have the figures	Nous n'avons pas les chiffres

Around ten	**Dizaine**
They are hundreds of millions	**Ils sont des centaines de millions**
I have about ten cousins	**J'ai une dizaine de cousins**

STORY MODE

FRENCH

"Vous souvenez-vous de ce que nous avons appris jusqu'ici, Patrice?" Demanda Niko.

"Oui."

"D'accord, rappelez-moi".

"Un plus deux est égal à trois, deux plus deux est égal à quatre, trois plus deux équivaut à cinq, cinq plus un est égal à six, quatre plus trois est égal à sept, sept plus un est égal à huit, cinq plus quatre est égal à neuf et neuf plus un est égal à dix."

"Très bon Patrice, réponds maintenant à cette question. Si j'ai neuf amis sur facebook, et vous avez sept, quelle est la somme de nos deux amis?"

"Seize amis". Patrice a répondu.

"D'accord. Question numéro deux. Si mon voisin a soixante ans et qu'il a cent paires de chaussures, combien de chaussures aura-t-il quand il aura quatre-vingt-dix ans?"

"Cent cinquante?"

ENGLISH

"Do you remember what we have learnt so far, Patrice?" asked Niko.

"Yes I do. "

"Okay, remind me.

"One plus two equals three, two plus two equals four, three plus two equals five, five plus one equals six, four plus three equals seven, seven plus one equals eight, five plus four equals nine, and nine plus one equals ten."

"Very good Patrice, now answer this question. If i have nine friends on facebook, and you have seven, what is the sum total of both of our friends?

"Sixteen friends". Patrice replied.

"Okay. Question number two. If my neighbor is sixty years old, and he has a hundred pairs of shoes, how many shoes will he have when he is ninety?

One hundred and fifty?

$$100 + 50 = 150$$

Chapter 18

FAMILY

Keywords: Pere, meres, fille, famille, fils, prenom, bebe, papa, couple, mari, soeur, freres, maman, tante, oncle, cousins, neveu, parents, petit-fils, grand-mere.

My father loves my mother	Mon père aime ma mère
The family	La famille
Our daughter reads a book	Nôtre fille lit un livre
For my son	Pour mon fils
I like your first name	J'aime ton prénom
Mothers love their children	Les mères aiment leurs enfants
I know her family	Je connais sa famille
Their daughters are beautiful	Leurs filles sont belles
I motivate my daughter	Je motivate ma fille
Where is her family	Où est sa famille
My mom cooks for my dad	Ma mamman cuisine pour mon papa
That baby is his brother	Ce bébé est son frère
The husband	Le mari
A pair of elephants	Un couple d'éléphants
I have three older sisters	J' ai trois grandes soeurs
David loves my sister	David aime ma soeur
We love our brothers	Nous aimons nos frères
The hat is for my husband	Le chapeau est pour mon mari
Babies are small	Les bébés sont petits
A baby	Un bébé
He is my brother	Il est mon frère

We are five brothers	Nous sommes cinq frère
The parents	Les parents
The grandmother	La grand-mère
My parent's wedding	Le mariage de mes parents

TRAINING TIME

The grandfather	Le grand-père
My aunts and uncles are nice	Mes tantes et mes oncles sont gentils
How is my cousin?	Comment va mon cousin?
Your niece is stupid	Ta niece est bete
Is this your grandson?	C'est vôtre s petit-fils?
My nephews are eating some soup	Mes neveux mangent de la soupe
This is my uncle	C'est mon oncle
They are cousins	Ils sont cousins
This is my aunt	C'est ma tante
My nephew is nice	Mon neveu est gentil

STORY MODE

FRENCH

Michelle: "Ce sont de jolies images Niko. Je ne peux que reconnaître vôtre père parce que je l'ai vu une fois".

Niko: "Oui, c'est mon album photo de famille préféré".

"À droite, à côté de mon père, est sa première épouse. Je peux à peine me souvenir de mon temps avec elle. Cette autre est une photo de groupe comprenant mes deux frères, ma soeur, mes tantes, mes oncles et ma grand-mère".

"L'album suivant a mes cousins et mon neveu. Ma mère a toujours plaisanté que le prochain album doit inclure son petit-fils de moi".

ENGLISH

Michelle: "These are some beautiful pictures Niko. I can only recognize your father because I have seen him once.

Niko: "Yes, this is my favorite family photo album.

"On the right, next to my father, is his first wife. I can barely remember my time with her. This other one is a group photo including my two brothers, my sister, my aunts, uncles and my grandmother.

"The next album has my cousins and my nephew. My mother has always joked that the next album must include her grandson from me."

Chapter 19

DATES AND TIME

Keywords: Déjeuner, semaine, petit déjeuner, aujourd'hui, mois, ans, matin, demain, demi-heure, heure, années, debut, hier, minute, journee, saison, hiver, printemps, automne, jeunesse, naissance, soir, montre, calendrier, nuit, minuit, Janvier, Fevrier, Mars, Avril, Mai, Juin, Juillet, Aout, Septembre, Octobre, Novembre, Decembre, Lundi, Mardi, Mercredi, Jeudi, Vendredi, Samedi, Dimanche, anniversaire, fêtes

The breakfast	Le petit déjeuner
Today is the third day	Aujourd'hui cest le troisième jour
Today is different day	Aujourd'hui est un jour différent
The month	Le mois
My daughter is five	Ma fille a cinq ans
For how long	Pour combien de temps
In a year	Dans un an
My little brother is twelve	Mon petit frère a douze ans
Fourteen days	Quatorze jours
We have one day	Nous avons un jour
You have time	Tu as du temps
Last year	L'an dernier
The morning	Le matin
The lunch is at noon	Le déjeuner est à midi
One century	Un siècle
Today or tomorrow?	Aujourd'hui ou demain?
It is a hard week	C'est une semaine difficile
The months of the year	Les mois de l'annee
I drink some milk every morning	Je bois du lait de matin

It lasts some centuries	Cela dure des siecles
Happy new year	Bonne annee
In a century	Dans un siècle
Tomorrow morning	Demain matin
I eat at noon	Je mange à midi
Have a good week	Bonne semaine

TRAINING TIME

You are eating my lunch	Tu manges mon déjeuner
Yesterday	Hier
The duration	La durée
At first, it is difficult	Au début c'est difficile
A tough time	Une periode difficile
What a long day	Quelle longue journée
How many minutes?	Combien de minutes?
Yesterday or tomorrow	Hier ou demain
First period	Première période
The day is calm	La journée est calme
Winter is a season	L'hiver est un saison
It is February	Nous sommes en février
It is warm for the season	Il fait chaud pour la saison
January is a month of the year	Janvier est un mois de l'année
The month ends Monday	Le mois se termine lundi
Tomorrow is Tuesday	Demain c'est mardi
It is Monday	C'est lundi
The month of February	Le mois de février
I speak in French	Je parle en français
February is in the winter	Février est en hiver
February, March and April	Février, Mars et Avril
The spring	La printemps
Thursday	Jeudi

May is the month of strawberries	Mai est le mois des fraises
Tomorrow is Wednesday	Demain nous sommes mercredi

TRAINING TIME

In April	En Avril
The month of March	Le mois de Mars
It is Wednesday	On est Mercredi
I like the spring	J'aime le printemps
Tomorrow is Sunday	Demain est dimanche
The month of May	Le mois de Mai
The celebrations are in August	Ta fête sont en Août
A Saturday in June	Un samedi en Juin
They have holidays in July and August	Ils ont des vacances en Juillet et Août
Tomorrow or Friday	Demain ou Vendredi
This is the summer	C'est l'été
Saturdays and Sundays of May	Les samedis et dimanches de Mai
The party is tomorrow Friday?	La fête est demain Vendredi
A Saturday in June	Un samedi en juin
Happy birthday	Bon anniversaire
The month of July	Le mois de Juillet
I am on vacation this week	Je suis en vacance cette semaine
The shirt is for the summer	La chemise est pour l'été
Date of birth	Date de naissance
We are talking about our youth	Nous parlons de nôtre jeunesse
It is the day of my birth	C'est le jour de ma naissance
We like the fall	Nous aimons l'automne

From July to September	De Juillet a Septembre
My birthday is in October	Mon anniversaire est en Octobre

TRAINING TIME

From September to December	De Settembre à Décembre
The dogs like the fall	Les chiens aiment l'automne
The date of my birthday is in July	La date de mon anniversaire est en Juillet
It is in September	C'est en septembre
In October	En Octobre
We are talking about our youth	Nous parlons de nôtre jeunesse
The watch	La montre
Lets meet at midnight	Rendez-vous à minuit
The night	La nuit
The dinner	Le dîner
Yesterday evening	Hier soir
The calendar	Le calendrier
It is a beautiful evening	C'est une belle soirée
Thanks and good night	Merci et bonne nuit
I like their watches	J'aime leurs montres
I want a big calendar	Je veux un grand calendrier
Where is my watch?	Où est ma montre?
The nights are black	Les nuits sont noires
Yesterday, at midnight	Hier, à minuit
It is half past eight	Il est huit heures et demie
It lasts	Ce dure
We eat in a moment	Nous mangeons dans un moment

The minutes and the seconds	Les minutes et les seconds
Three minus one?	Trois moins un?
It is a quarter past eight	Il est huit heures et quart

TRAINING TIME

I have an hour	J'ai une heure
I am the second one	Je suis la seconde

MM/DD/YY

STORY MODE

FRENCH

"Février, Mars et Juin sont mes mois préférés."

"Pourquoi?"

"Eh bien, mon mois de naissance est en février, alors j'ai des cadeaux alors, et aussi à la Saint-Valentin".

"Je vois. Qu'en est-il des deux autres mois?"

"C'est facile à répondre. Mes affaires de surf ont une impulsion de vente à ces moments, en raison des touristes qui voyagent pendant les vacances d'été".

"D'accord. Dernière question. Quel jour de la semaine êtes-vous né?"

"Je suis né le 1er février, un jeudi, à environ trente minutes après sept ans."

"D'accord, merci d'épargner un peu de temps avec nous à la manière simple. Joyeux anniversaire à l'avance, car je ne serai pas ici en février. Peut-être que je vais vous jeter une petite fête à l'avance."

"Un bon petit déjeuner sera très bien, merci."

ENGLISH

"February, March and June are my favorite months."

"Why?"

"Well, my birth month is in February, so I get gifts then, and also on valentine's day".

"I see. What about the other two months?"

"That's easy to answer. My surfing business gets a sales boost at these times, because of the tourists trooping in for summer vacations".

"Okay. Last question. What day of the week were you born?"

"I was born on the 1st of February, on a Thursday, at approximately thirty minutes after seven."

"Alright, thank you for sparing some time with us at simpleway fm. Happy birthday in advance, as I won't be here in February. Maybe I will throw you a small party in advance."

"A nice breakfast will be just fine, Thank you."

Chapter 20

OCCUPATIONS

Keywords: Roi, emploi, police, auteur, metier, soldats, docteurs, prince, professeurs, carrier, agriculteur, travail, avocat, enseignant, retraite, ingenieurs, chaffeeuse, boulanger, cuisinier, serveuse, secretaire, juge, journaliste, chef, personnels

The farmer	L'agriculteur
The baker	Le boulanger
The cook	Le cuisinier
The waiter	Le serveur
The teacher	Le professeur
The doctor	Le docteur
The soldier	Le soldat
The police	La police
The king	Le roi
The boss	Le chef
The prince	Le prince
The judge	Le juge
The lawyer	L'avocate
An author	Un auteur
My mother is at work	Ma mère est au travail
He finds a job	Il trouve un emploi
He looks for a job	Il cherche un emploi
It is my profession	C'est mon metier
The author	L'auteur
The queen has a nice dress	La reine a une belle robe
His mother is a farmer	Sa mère est agricultrice
My father is a farmer	Mon père est agriculteur
They call the police	Elles appellent la police
I see the police	Je vois la police
I like my career	J'aime ma carrière

TRAINING TIME

He is a secretary	Il est secrétaire
Your parents are doctors?	Tes parents sont docteurs?
I am his princess	Je suis sa princess
He calls the judge	Il appelle le juge
They are calling the doctor	Elles appellent le docteur
This is a Spanish journalist	C'est un journaliste espagnol
My father is an engineer	Mon papa est ingenieur
My father is retired	Mon père est à la retraite
She is eating with her staff	Elle mange avec son personnel
This woman is a teacher	Cette femme est enseignante
The leader	La dirigeante
The policeman has a belt	Le policier a une ceinture
With your driver?	Avec ton chauffeur?
My daughter is a hairdresser	Ma fille est coiffeuse
She is a baker	Elle est boulangere
You are hairdressers	Vous êtes coiffeuses
I am a waitress	Je suis serveuse
The baker makes some bread	Le boulanger fait du pain
Your uncle is a cook	Ton oncle est cuisinier
We are hairdressers	Nous sommes coiffeurs

STORY MODE

FRENCH

Niko: "Bon après-midi, monsieur, je m'appelle Niko et je cherche un emploi".

Directeur des ressources humaines: "Super, je cherche aussi un conducteur et un secrétaire. Mais d'abord, avez-vous une expérience de travail? Et où est vôtre CV?"

Niko: "J'ai une expérience de travail, tout ce que vous devez savoir est ici, a-t-il dit, en remettant une enveloppe brune. Une fois, j'ai conduit un Uber à un médecin pendant quelques mois, alors j'étais un serveur dans un restaurant, avant de décider d'une nouvelle carrière".

Directeur des ressources humaines: "À quoi avez-vous décidé?"

Niko: "J'aime écrire, alors j'ai décidé d'être un auteur ou un journaliste, et c'est pourquoi je suis ici dans la station".

Directeur des ressources humaines: "C'est bon, mais tous nos postes de rédaction ont été comblés. Il n'y a pas de vacance pour le moment, sauf si l'un d'eux se retire. Vous pouvez vérifier avec le boulanger dans la rue, il a besoin du conducteur, j'ai besoin de la secte, et ça doit être une fille".

ENGLISH

Niko: "Good afternoon sir, my name is Niko, and I am looking for a job".

HR Manager: "Great, I am also looking for a driver and a secretary. But first, do you have any work experience? and where is your resume?"

Niko: "I have some work experience, everything you need to know is in here he said, handing over a brown envelope. I once drove an Uber belonging to a doctor for a few months, then I was a waiter at a restaurant, before I decided on a new career".

HR Manager: "What did you decide on?"

Niko: "I like to write, so I decided to be an author or a journalist, and that is why I am here at the news station".

HR Manager: "That's good, but all our writing staff positions have been filled. There is no vacancy at the moment, unless one of them retires. You can check with the baker down the street, he needs the driver, I need the secetary, and it has to be a girl."

Chapter 21

NEGATIVES

Keywords: Ne, non plus, n', pas, rien, ne veux, ne peux plus, ne sais plus, ne peut plus, ni, plus de, il n'y a, jamais, pas du tout.

Never	Jamais
Why not	Pourquoi pas
I cannot understand you	Je ne peux pas vous comprendre
A week is not a month	Une semaine n'est pas une mois
I don't have anything	Je n' ai rien
I do not want anything	Je ne veux rien
No, never	Non, jamais
I do not see the dog	Je ne vois pas le chien
That is not a child	C'est n'est pas un enfant
It is nothing serious	Ce n'est rien de serieux
My sister never drinks	Ma souer ne boit jamais
Nobody knows where it is	Personne ne sait où c'est
Nobody understands why	Personne ne comprend pourquoi
Nobody is ready	Personne n'est prêt
This man does not like anybody	Cet homme n'aime personne
Nobody likes that	Personne n'aime cela
Nobody knows	Personne ne sait
You do not know anyone here	Tu ne connais personne ici
Nobody wants that	Personne ne veut cela
I am not waiting for anybody	Je n'attends personne
He cannot walk anymore	Il ne peut plus marcher

Neither do we	Nous non plus
Neither the fruits nor the vegetables	Ni les fruits, ni les légumes
There is no one	Il n' y a personne
There is no milk	Il n' y a plus de lait

TRAINING TIME

I want neither those shoes nor those pants	Je ne veux ni ces chaussures ni ce pantaloon
She cannot read or write	Elle ne peut pas lire ni écrire
There is no salt	Il n' y a pas de sel
There is no more water	Il n' y a plus d'eau
Neither the boy, nor the girl	Ni le garçon, ni la fille
There is nothing in this bag	Il n' y a rien dans ce sac
Neither coffee with milk nor black coffee	Ni du café au lait, ni du café noir
There are not many engineers here	Il n' y a pas beaucoup d'ingénieurs ici
They no longer have bread	Elle n' a plus de pain

STORY MODE

FRENCH

"Je ne peux plus faire ça", a déclaré Michelle.

"Je ne semble pas faire de progress".

"Pas du tout, je suis sûr que vous l'avez, ce n'est pas si visible", a déclaré Niko.

"Je ne veux pas continuer si je n'ai pas de résultat immédiat". Dit Michelle.

"Je ne connais pas grand-chose au sujet du basketball, mais je sais que, avec la plupart des choses dans la vie, abandonner tôt n'est jamais la réponse. Il n'y a aucune garantie que les choses changeront bientôt, mais peut-être que ce n'est pas vôtre journée", at-il répondu.

ENGLISH

"I cannot do this anymore" said Michelle.

"I do not seem to be making any progress."

Not at all, im sure you have, it just isn't that visible" said Niko.

"I do not want to continue if I don't have immediate results" said Michelle.

"I do not know much about basketball, but I know that with most things in life, giving up early is never the answer. There is no guarantee that things will change soon, but maybe it is just not your day" he replied.

Chapter 22

HOUSEHOLD

Keywords : Maison, recette, balcon, poubelle, chauffage, savon, plafond, nettoie, shampooing, serviette, horloge, outil, couveture, rideaux, prise, piscine, escaliers, refrigerateur, oreiller, bureau, porte, mur, tapis, meuble, berceau, cuisine, lampe, eponge, miroir, fenetre, fourchette, verres, bouteille, telephone, bols, tasse, table, lit, chaise, cuillere, couteau, assiettes

The bowl	Le bol
The toy	Le jouet
The bedsheet	Le drap
The table	Le table
The knife	Le couteau
The bed	Le lit
The spoon	La cuillère
The fork	La fourchette
The house	La maison
The phone	Le téléphone
The refrigerator	La réfrigérateur
The glass	Le verre
The cup	La tasse
The window	La fenêtre
The bowl	Le bol
The cot	Le berceau
The desk	Le bureau
The door	La porte
The wall	Le mur
The rug	Le tapis
The television	La télévision
The lamp	La lampe
A sponge	Une éponge
A chair	Une chaise
This is a spoon	C'est une cuillère

TRAINING TIME

He eats with a knife	Il mange avec un couteau
Those houses are blue	Ces maisons sont bleues
We make your bed	Nous faisons vôtre lit
The chair is not big	La chaise n'est pas grande
They have a table	Ils on tune table
A large knife, large knives	Un grand couteau, de grands couteaux
A small spoon, small spoons	Une petite cuillère, de petites cuillères
The table, the tables	La table, les tables
A bed, beds	Un lit, des lits
A small chair, small chairs	Une petite chaise, de petites chaises
He opens the bottles	Il ouvre la bouteille
I have cutlery for eating	J'ai des couverts pour manger
The bottles of red wine	Les bouteilles de vin rouge
The small glasses	Les petits verres
My father speaks to me on the phone	Mon père me parle au téléphone
I am eating with the fork	Je mange avec la fourchette
He drinks a glass	Il boit un verre
I do not like those phones	Je n'aime pas ces téléphones
I wash the bowls	Je lave les bols
Knives and forks are silverware	Les couteaux et les fourchettes sont des couverts
I do not have a mirror in my kitchen	Je n'ai pas de miroir dans ma cuisine
Here is the lamp	Voici la lampe

The sponge is blue	L'éponge est bleue
She opens the window	Elle ouvre la fenêtre
A lovely mirror, lovely mirror	Un joli miroir, de jolis miroirs

TRAINING TIME

These windows are made of glass	Ces fenêtres sont en verre
Nowadays, kitchens are larger	Des nos jours, les cuisines sont plus grandes
Can you buy some lovely lamps?	Peux-tu acheter de jolies lampes?
The kitchen has an oven	La cuisine a un four
We have a lot of furniture	Nous avons beaucoup de meubles
The roof of my house is red	Le toit de ma maison est rouge
My father is in his office	Mon père est dans son bureau
Our houses have gray roofs	Nos maisons out des toits gris
This wall is cold	Ce mur est froid
Do you not see the door?	Ne voyez-vous pas la porte?
These four ovens are nice and simple	Ces quatre fours sont beaux et simples
The walls are red	Les murs sont rouges
These two doors are huge	Ce deux portes sont énormes
The engineers have white desks	Les ingénieurs ont des bureau blancs
I am going down the stairs	Je descends les escaliers
The swimming pool	La piscine
He is taking a shower	Il prend une douche

I have a red pillow	J'ai un oreiller rouge
The pool's water is dirty	L'eau des piscines est sale
The cat goes down the stairs	Le chat descend les escaliers
He likes to watch television	Il aime regarder la télévision
The showers are clean now	Les douches sont propres maintenant
To read in bed, I have two pillows	Pour live dans mon lit, j'ai deux oreillers
He is in the bathtub	Il est dans la baignoire
Where is my towel?	Où est ma serviette?

TRAINING TIME

Where is my clock?	Où est mon horloge?
A blanket, blankets	Une couverture, des couvertures
The windows have curtains	Les fenêtres on des rideaux
This is the outlet for the fridge	C'est la prise du réfrigérateur
This tool works fine	C'est outil marche bien
He has a towel	Il a une serviette
Whose clock is this?	A qui est cette horloge?
He does not have a cover	Il n'a pas de couverture
These are recipes	Ce sont des recettes
I do not have soap	Je n'ai pas de savon
I am cleaning the bathtub	Je nettoire la baignore
There is a spider on the ceiling	Il y a une araignée au plafond
Yes, he is closing the book	Oui, il fermé de livre
Where is the shampoo?	Où est le shampooing?
I turn off the heating	Je coupe le chauffage

He is cleaning the bathtub	Il nettoire la baignore
We love small pink soaps	Nous adorons les petits savons roses
The ceilings and walls are white	Les plafonds et les murs sont blancs
I know some recipes	Je connais des recettes
He closes the door	Il fermé la porte
It is in the green bin	C'est dans la poubelle verte
My mother is on the balcony	Ma mère est au balcon
He must clean the bath	Il doit nettoyer la baignoire
Where are the bedsheets?	Ou sont les draps?
My house has two balconies	Ma maison a deux balcons

TRAINING TIME

This is not a toy	Ce n'est pas un joet
The waste bins are very dirty	Les poubelles sont très sales

STORY MODE

FRENCH

Niko: "Que faites-vous sur le balcon?"

Michelle: "Je cherche mon telephone".

Niko: "Où l'as-tu vu pour la dernière fois?"

Michelle: "Sous l'oreiller dans ma chambre, tout comme j'allais mettre cette serviette dans la poubelle".

Niko: "Essayez de retracer vos pas à partir de là".

Michelle: "D'accord. Je nettoyais la baignoire, quand mon père a appelé pour me parler de la nouvelle chaise et du bureau qu'il avait pris pour son bureau de maison. L'appel s'est terminé, et je suis allé changer une ampoule de plafond. Je me souviens d'avoir déposé, près de la lampe de chevet sur la table, et aller à la cuisine pour obtenir une éponge. Je suis retourné dans la pièce et j'ai décidé de faire une sieste, et c'est tout ce que je me souviens".

Niko: "Je vois. Allons à la cuisine et la chercher ensemble".

ENGLISH

Niko: "What are you doing on the balcony?"

Michelle: "I am looking for my phone".

Niko: "Where did you last see it?"

Michelle: "Under the pillow in my room, just as I was going to put that towel in the trash can".

Niko: "Try and retrace your steps from there".

Michelle: "Okay. I was cleaning the bathtub, when my father called to tell me about the new chair and desk he had gotten for his house office. The call ended, and I went to change a ceiling bulb. I remember setting it down, close to the bedside lamp on the table, and going to the kitchen to get a sponge. I returned to the room and decided to take a nap, and that is all I remember".

Niko: "I see. Let's go to the kitchen and look for it together".

Chapter 23

OBJECTS

Keywords : Choses, armes, objet, boite, croix, piece, fil, pages, radio, document, caisse, carte, brosse, cadres, lunettes, parfum, disque, paire, linge, photos, dossier, cles, billet, poudre, drapeau, feuilles, cadeau, valise, adaptateur, album, écran, clavier, dictionnaire, magazine, robot, bougie

The photo	La photo
The radio	La radio
The suitcase	La valise
The pen	Le style
The magazine	Le magazine
The map	La carte
The car	La voiture
The leaf	La feuille
The executive	La cadre
The key	La clé
The flag	Le drapeau
The powdered sugar	Le sucre en poudre
A screen	Un écran
A laptop	Un ordinateur
He makes boxes	Il fait des boîtes
I do not like that thing	Je n'aime pas cette chose
I do not like weapons	Je n'aime pas les armes
The wire is red and blue	Le file est rouge et bleu
It is an object	C'est un objet
How many rooms does your house have?	Te maison a combien de pièces?
The red cross	La croix rouge

This is a small room	Cette une petite pièce
It is my box	C'est ma boîtes
She buys a lot of things	Elle achèter beaucoup de choses
It is a six page document	C'est un document de six pages

TRAINING TIME

It is my crate	C'est ma caisse
Where is my brush?	Où est ma brosse?
That map is for her	Cette carte est pour elle
He writes three pages	Il écrit trois pages
She also has the documents	Elle a aussi les documents
You have some frames	Vous avez des cadres
He knows how to make a radio	Il sait comment faire une radio
There are two, big, white cases	Il y a deux grandes caisses blanches
I like my page a lot	J'aime beaucoup ma page
The maps are big	Les cartes sont grandes
The laundry is white	Le linge est blanc
We like this record	Nous aimons ce disque
He likes her perfume	Il aime son parfum
It is a tough case	C'est un dossier difficile
I want a pair of blue socks	Je veux une paire de chaussettes bleues
He is wearing glasses	Il porte des lunettes

We like photos	Nous aimons les photos
There are perfumes for men and women	Il y a dis parfums pour hommes et pour femmes
You want my photo?	Tu veux ma photo?
This bill is green	Ce billet est vert
It is a gift for you	C'est un cadeau pour vous
Two keys	Deux clés
That flag is very nice	Ce drapeau est très joli
A leaf is green	Une feuille est verte
The green leaves are small	Les feuilles vertes sont petites

TRAINING TIME

I have my ticket	J'ai mon billet
Here are your keys	Voici tes clés
The powder is gray	La poudre est grise
Do you have an adapter?	Vous avez un adaptateur
The tray is black and white	Le plateau est noir et blanc
No keyboard	Pas de clavier
We have some photo albums	Nous avons des albums de photos
My suitcase is yellow	Ma valise est jaune
Here is their photo album	Voici leur album de photos
My screen is big	Mon écran est grand
Your computer has a keyboard	Ton ordinateur un clavier
The day is calm	La journée est calme

The robot has wheels	La robot a des roues
They have a dictionary	Ils ont un dictionnaire
I already have an envelope	J'ai déjà une envelope
He sells cars	Il vend des voitures
These are my pens	Ce sont mes stylos
He sees you in the magazine	Il te voit dans le magazine
We are not robots	On n'est pas des robots
The wheel is big	La roue est grande
They read when we read	Ils lisent lorsque nous lisons
I blow out the match	J'éteins l'allumette
He is lighting the candle with a match	Il allume la bougie avec une allumette
What is she loading?	Elle charge quoi?
They are chargers	Ce sont des chargeurs

TRAINING TIME

What does it plug in?	Elle branche quoi?
You turn off the television	Tu etens la télévision
The candles are green	Les bougies sont vertes
He loads his car and he leaves	Il charge sa voiture et il s'en va
We are loading two cases of apples	Nous chargeons deux caises de pommes
You connect the keyboard and the computer	Tu branches le clavier et l'ordinateur
I need a charger for my computer	Il me faut un chargeur pour mon ordinateur
The boy blows out the candle	Le garçon eteint la bougie
I light them up	Je les allumes

He is lighting the candle with a match **Il allume la bougie avec une allumete**

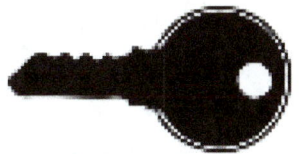

STORY MODE

FRENCH

Étranger 1: Où sont les documents?

Étranger 2: Ils sont dans la valise noire.

Étranger 1: Prenez le match et brûlez tous.

Étranger 2: D'accord monsieur.

ENGLISH

Stranger 1: Where are the documents?

Stranger 2: They are in the black suitcase.

Stranger 1: Take the match and burn them all.

Stranger 2: Okay sir.

Chapter 24

PLACES

Keywords: Villes, chambre, pays, terre, route, port, village, region, hotel, propriete, chateau, territoire, etage, prison, plage, adresse, appartement, bar, parc, salle, boutique, frontiere, tribunal, batiment, boulangerie, zoo, supermarche, pont, Paris, Amerique, Europe, France.

The earth	La terre
The garden	Le jardin
The bedroom	La chambre
The town	La ville
The street	La rue
The suburb	La banlieu
The tower	La tour
The corner	Le coin
An island	Une île
A hotel	Un hôtel
The towns	Les villes
The road	La route
The bank	La banque
The zoo	Le zoo
The edge	Le bord
The coast	La côte
The region	La région
The prison	La prison
The castle	Le château
The sitting room	Le salon
The bar	Le bar
The bridge	Le pont
The beach	La plage
The building	Le bâtiment
The store	Le magasin

TRAINING TIME

The bathroom	Les toilettes
The restaurant	Le restaurant
The room	La sale
The park	Le parc
The countryside	La campagne
It is your workplace	C'est vôtre lieu de travail
I like my country	J'aime mon pays
My place is there	Ma place est là
The places are large	Les places sont larges
Are you from this city?	Êtes-vous de cette ville?
Where is your bedroom?	Où est ta chambre?
Rome is an Italian city	Rome est une ville italienne
The dog is by the roadside	Le chien est au bord de la route
The house has a garage	La maison a un garage
The girl is in the middle of the children	La fille est au milieu des enfants
I see the towers	Je vois les tours
The table has four corners	La table a quatre coins
It is my turn	C'est mon tours
The table is in the corner of the room	La table est au coin de la pièce
It is in the harbor	Il est au port
He is in the hotel	Il est dans l'hôtel
I like my village	J'aime bien mon village
The company is small	L'entreprise est petite

This is my region	C'est ma région
Do they have a large territory?	Ont-ils un grand territoire?

TRAINING TIME

There is a hole in the wall	Il y a un trou dans le mur
The neighborhood	Le quartier
This land is my property	Cette terre est ma propriété
It is a poor zone	C'est une zone pauvre
The queen is in her castle	La reine est dans son château
The properties are beautiful	Les propriétés sont belles
These are holes	Ce sont des trous
Do you see the blue zones?	Vois-tu les zones bleues?
I like castles	J'aime les châteaux
My apartment is on the third floor	Mon appartement est au troisième étage
I know his address	Je connais son adresse
Your house has two floors	Vôtre maison a deux étages
I live in an apartment	Je vis dans un appartement
She is in the bathroom	Elle est dans la salle de bains
It is a new frontier	C'est une nouvelle frontière
It is a small boutique	C'est une petite boutique

The bottles are in the cellar	Les bouteilles sont a la cave
I am looking for the restrooms	Je cherche les toilettes
My wine is in the cellar	Mon vin est dans la cave
Where is the border?	Où est la frontière?
Your aunt likes this park	Vôtre tante aime bien ce parc
The court is in France	Le tribunal est en France
The suburbs of the city	La banlieu de la ville
His father is in America	Son père est en Amérique
I like Germany a lot	J'aime beaucoup l'Allemagne

TRAINING TIME

Germany is a country in Europe	L'Allemagne est un pays en Europe
The new building is enormous	Le nouveau bâtiment est énorme
The buildings are big	Les bâtiments sont grands
Where is the court?	Où est le tribunal?
Her house is in the suburbs	Sa maison est en banlieue
Your bank is in Paris	Ta banque est à Paris
She lives in the United States	Elle vit aux Etats-Unis
I like Bordeaux wine	J'aime le vin de Bordeaux
The desert is beautiful	La désert est beau
I am in Africa	Je suis en Afrique
My property is in England	Ma propriété est en Angleterre

She does not know Asia	Elle ne connaît pas l'Asie
We are going to the bakery	Nous allons à la boulangerie
Italy is not in Asia	L'Italie n'est pas en Asie
A zoo	Un zoo
Where is the bakery?	Où est la boulangerie?
I like the zoo	J'aime le zoo
I like my village's bakery	J'aime la boulangerie de mon village
There is a supermarket in my building	Il y a un supermarché dans mon immeuble
I am in the corridor	Je suis dans le couloir
Niko likes Brazil	Niko aime le Brésil
We are going to the club	Nous allons en discotheque
I am visiting	Je visite
We are visiting the tower today	On visite la tour aujourd'hui
I do not like nightclubs	Je n'aime les discotheques

TRAINING TIME

There are corridors in my building	Il y a des couloirs dans mon immeuble
We are visiting the lovely little villages	Nous visitons les jolis petits villages
Are you visiting this region?	Est-ce que vous visitez cette région?

STORY MODE

FRENCH

"Ce bâtiment appartient à Mr D'Harcourt. Un promoteur immobilier de France. On dit qu'il est allé en Italie pour apprendre l'immobilier, et a maintenant acheté tous les terrains dans cette rue pour la construction d'un hôtel. Toutes ses propriétés sont similaires, vous pouvez le voir dans le style des chambres, et même dans les bains.

Ce bâtiment particulier est spécial car il est proche d'un supermarché, d'une boulangerie, d'un zoo, de la plage et du parc. Il a également sa propre barre intérieure et sa boutique, tout comme ceux que vous trouvez en Amérique".

ENGLISH

"This building belongs to Mr. D'harcourt. A real estate developer from France. It is said that he went to Italy to learn about real estate, and has now bought all of the land on this street, for the construction of a hotel. All of his properties are similar, you can see it in the style of the rooms, and even the baths.

This particular building is special because it is close to a supermarket, a bakery, the zoo, the beach and the park. It also has its own indoor bar and boutique, just like the ones you find in America"

Chapter 25

PEOPLE

Keywords: Copine, adolescents, habitants, copain, voisins, foule, ennemi, dame, population, personne, mocieu, gens, groupe, ami, anglais, vieux cliente invite, tout le monde, petite amie, chinois, russse, japonais, allemand.

The enemy	L'ennemi
Do you have a group of friends?	As-tu un groupe d'amis?
Those are people	Ce sont des gens
You are my people	Vous êtes mon people
Good morning sir	Bonjour monsieur
Yes madam	Oui, madame
A new culture	Une nouvelle culture
He is her friend	Il est son ami
She is no longer my friend	Elle n'est pas plus mon amie
Our friends write books	Nos amies écrivent des livres
No sir, I am German	Non monsieur, je suis Allemande
We are eleven people	Nous sommes onze personnes
He is the hero's father	C'est le père du héros
The lion is among the crowd	Le lion est parmi la foule
I do not know this lady	Je ne connais pas cette dame
The French population	La population Française
My neigbours are Spanish	Mes voisins sont espagnols
A person is eating an orange	Une personne mange une orange
He is my neighbor	C'est mon voisin

She does not have enemies	Elle n'a pas d'ennemis
He is showing his new car to the neighbor	Il montre sa nouvelle voiture a la voisine
Those apples are small	Ces pommes sont petites
My village has twenty residents	Mon village a vingt habitants
This is the association's dinner	C'est le repas des associations
He is my colleague	C'est mon collègue

TRAINING TIME

My father is an adult	Mon père est un adulte
His friend is a journalist	Son copain est journaliste
Only one generation	Une seule génération
I am a man and a citizen	Je suis un homme et un citoyen
We have an association	Nous avons une association
She wants to be a good citizen	Elle veut être une bonne citoyenne
The young adults are not eating chocolate	Les jeunes adultes ne mangent pas de chocolat
He is popular among his colleagues	Il est populaire parmi ses collègues
We are European citizens	Nous sommes des citoyens européens
I can speak French	Je peux parler français
My girlfriend is Japanese	Ma copine est Japonaise
This prisoner has two bags	Cette prisonniere a deux sacs
An adolescent eats a lot	Un adolescent mange beaucoup

We are Europeans	Nous sommes des Européens
These are your prisoners	Ce sont vos prisonniers
This lady is a Frenchwoman	Cette dame est une Française
Adolescents like fries	Les adolescents aiments les frites
Laurent is a Frenchman	Laurent est un Français
She is my girlfriend	C'est ma petite amie
He speaks English and French	Il parle Anglais et Français
I love everybody here	J'aime tout le monde ici
I am waiting for a client today	J'attends un client aujourd'hui
She has a boyfriend	Elle a un petit amie
I love my girlfriend	J'aime me petite aime
Old people love their children	Les vieux aiment leurs enfants

TRAINING TIME

He is your guest	C'est ton invité
An Englishwoman buys sugar	Une Anglaise achète du sucre
This shop has a lot of customers	Ce magasin a beaucoup de clients
They have guests for dinner	Ils ont des invités pour le dîner
She knows how to speak Japanese	Elle sait parle Japonais
He speaks Russian	Il parle le russe
I know how to speak Chinese	Je sais parler chinois
My neighbors are Germans	Mes voisins sont des Allemandes

She is a German	C'est une Allemande
He is a Japanese	C'est un Japonais
The customer is a Russian	La cliente est une Russe

STORY MODE

FRENCH

Étranger 1: "Il y a onze personnes dans la maison, y compris un garçon nommé Niko, et sa petite amie Michelle. La dame a dit que nous devons trouver les documents réels ou celui nommé Niko".

Étranger 2: "Nous pouvons visiter les voisins pour recueillir des informations".

Étranger 1: "Ne soyez pas stupide Antonio, cela ne les alertera qu'à nôtre présence. Je vous regarde et ils sauront que nous ne sommes pas français".

ENGLISH

Stranger1: "There are eleven people in the house, including a boy named Niko, and his girlfriend Michelle. The lady said we must find the real documents or the one named Niko".

Stranger 2: "We can pay a visit the neighbors to gather information".

Stranger 1: "Don't be stupid Antonio, that will only alert them to our presence. One look at you and they will know we are not French".

Chapter 26

DIRECTIONS

Keywords : Exterieur, arrive, distance, direction, fin, depart, ouest, sud, nord, est, sortie, pas, centre, panneau, interieur, tournons, entrée, droites, inverse, fond, position, gauche.

The left	La gauche
The right	La droite
I am turning right	Je tourne à droite
The entrance	L'entrée
The interior	L'interieur
The arrival	L'arrivée
The position is good	La position est bonne
She is in the center of the village	Elle est au centre du village
Turn towards the entrance	Tournez-vous vers l'entrée
To your left!	Sur ta gauche!
Those positions do not exist	Ces positions n'existent pas
We turn our chairs towards the window	Nous tournons nôtre chaise vers la fenêtre
She turns right	Elle tourne à droite
The inside of the castle	L'intereur du château
I step into the garden	Je fais un pas dans le jardin
The outside of that bowl is dirty	L'extérieur de ce bol est sale
It is a huge distance	C'est une distance enorme
Where is the exit?	Où est la sortie?
At the first road sign, turn left	Au premier panneau tournez à gauche
I look toward my enemy	Je regarde en direction de mon ennemie

The arrival is at ten o 'clock	L'arrivée est a dix heures
The exit is here	La sortie est ici
The distance is great	La distance est grande
To the south	Au sud
The west	L'ouest

TRAINING TIME

We are going to the east	Nous allons vers l'est
It is the map of our prison	C'est le plan de nôtre prison
This is the end	C'est la fin
He is going in the opposite direction	Il va dans la direction inverse
These are the campaign funds	Ce sont les fonds de campagne
It is a town in the north	C'est une ville au nord
When do you leave?	Quand est vôtre depart?
Do you have plans for tonight?	As-tu des plans pour ce soir?
My magazine is at the bottom of my bag	Mon magazine est au fond de mon sac

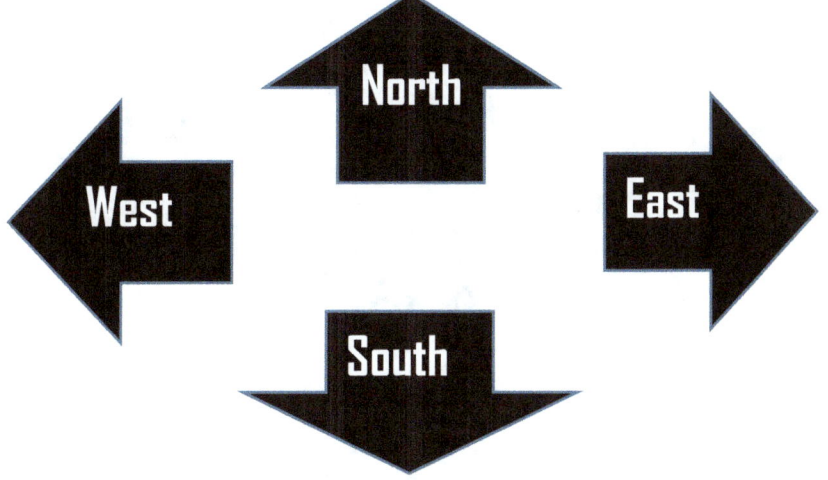

STORY MODE

FRENCH

Étranger 1: "Antonio, pouvez-vous m'entendre?"

Antonio: "Oui, je peux".

Stranger 1: "Bien. Prenez vingt étapes au nord de vôtre position actuelle, continuez jusqu'à ce que vous arriviez à la rue en face d'une boulangerie, entrez-le et dirigez-vous vers l'ouest jusqu'à ce que vous atteigniez un grand immeuble noir au centre de deux blancs. Une fois à l'intérieur, continuez vers le sud jusqu'à ce que vous arriviez à l'autre extrémité. À l'extérieur, il y a un entrepôt au bout de la route à l'est, que vous ne pouvez pas manquer. Attendez-moi là-bas ".

ENGLISH

Stranger 1: "Antonio, can you hear me?

Antonio: "Yes, I can".

Stranger 1: "Good. Take twenty steps to the north of your current position, keep moving until you get to the street opposite a bakery, enter it and head west until you get to a tall, black building in the center of two white ones. Once inside, continue south till you get to its exit at the other end. Outside, there is a warehouse at the end of the road to the east, which you can't miss. Wait for me there".

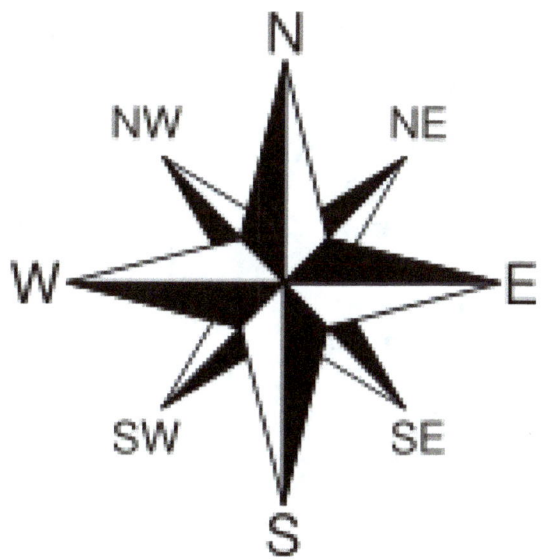

Chapter 27

FEELINGS

Keywords : Sentiment, amour, desir, peur, rire, pensee, bonheur, plaisir, bizarre, joies, gout, douleur, hontes, surprise, passion, colère, fatigue, heureux, triste, imagination, courage, souvenirs, odeur, memoire, sommeil, inquiet, caractere, faim, sur, tranquille, ennuyeux, hair, nul, sensible, juste

You have weird thoughts	Tu as des pensées bizarre
My love	Mon amour
The pleasure is ours	Le plaisir est pour nous
A great moment of happiness	Un grand moment de Bonheur
The fear of what?	La peur de quoi?
It is important to laugh	Il est important de rire
I have a thought for her	J'ai une pensée pour elle
This woman is odd	Cette femme est bizarre
She is playing with our feelings	Elle joue avec nos sentiments
What did you dream about last night?	De quoi as-tu rêvé cette nuit?
I like the taste of chocolate	J'aime le goût du chocolat
You are our hope	Tu es nôtre espoir
It is time for peace	Il est temps pour la paix
Yes, with joy	Oui, avec joie
Desire and fright	Le désir et la peur
A feeling of happiness	Un sentiment de Bonheur

You have always appreciated the joys of love	Tu as toujours apprécié les joies de l'amour
She likes the taste of strawberries	Elle aime le goût des fraises
It is sad for us	C'est triste pour nous
A good surprise	Une bonne surprise
She is not ashamed	Elle n'a pas honte
It is only his imagination	C'est seulement son imagination
It is my great passion	C'est ma grande passion
I am not angry	Je ne suis pas en colère
The pain is mild	La douleur est légère

TRAINING TIME

He speaks about his passions and joys	Il parle de ses passions et de ses joies
We are ashamed	Nous avons honte
He has a lot of imagination	Il a beaucoup imagination
She seems sad	Elle semble triste
The smile	Le sourire
A beautiful friendship	Une belle amitié
I am not happy	Je ne suis pas heureuse
I have great respect for you	J'ai un grand respect pour nous
Bon courage	Be brave
I hate beans	J'ai horreur des haricots
He feels the fatigue	Il sent la fatigue
We are happy	Nous sommes heureux
A nice smile	Un joli sourire
With respect	Avec respect
The night is mild	La nuit est douce
You have a good memory	Vous avez une bonne mémoire

You have no honor	Vous n'avez aucun honneur
He has a good smell	Il a une bonne odeur
The feeling is beautiful	L'impression est belle
Is your hat soft?	Ton chapeau est-il doux?
He is happy	Il est heureux
I am very happy	Je suis très hereux
For my honor	Pour mon honneur
I am not worried	Je ne suis pas inquiet
She is embarrassed	Elle est genee

TRAINING TIME

He makes me dream	Il me fait rêver
I am as tired as you	Je suis aussi fatigué que vous
I am not sleepy	Je n'ai pas sommeil
I trust my parents	Je fais confiance a mes parents
In your dreams	Dans tes rêves
Are you not tired?	Vous n'êtes pas fatigués?
I had an awesome dream	J'ai fait un rêve genial
He was not embarrassed	Il n'etait pas genee
He is not tired	Il n'est pas fatigue
The parents are embarrassed	Les parents sont genee
I am worried about her	Je suis inquiète pour elle
He is sleepy	Il a sommeil
We are thirsty	Nous avons soif
You are sure	Vous êtes sûrs
She will hate us	Elle va nous hair
The lion is hungry	Le lion a faim
I like his humor	J'aime son humour

Is he sure?	Est-il sûr?
That dog has a strong character	Ce chien possede un caractère fort
That becomes boring	Ca devient ennuyeux
This horse is useless	Ce cheval est nul
I am in love	Je suis amoureuse
The water is quiet	L'eau est tranquille
He is nice and sensitive	Il est gentil et sensible
That becomes boring	Ca deviant ennuyeux

TRAINING TIME

How to be fair	Comment être juste
He fell in love with her	Il est tombé amoureux d'elle
The uncle is quiet	L'oncle est tranquille
My daughter is sensitive	Ma fille est sensible

STORY MODE

FRENCH

"Dernièrement, j'ai eu l'impression d'être suivie, et avec les nouvelles récentes d'enlèvement, j'ai peur de sortir seul", a déclaré Michelle.

"Ne vous inquiétez pas, je suis ici maintenant. La seule chose que vous devriez ressentir est le bonheur, pas la peur", a déclaré Niko avec un rire doux.

"Ne riez pas, je suis sérieux. Vous plaisantez toujours", a-t-elle déclaré.

"Rien à être en colère contre mon amour. Je te comprends".

"Je te déteste" dit-elle, et le frappa faiblement sur l'épaule".

"Cela me rappelle, j'ai une surprise pour toi"

"Qu'est-ce que c'est?" Demanda-t-elle.

"Je vais le révéler bientôt, mais d'abord vous devez fermér les yeux".

ENGLISH

"Lately, I have been having a feeling of being followed, and with the recent news of kidnapping, I am afraid of going out alone" said Michelle.

"Don't worry, I am here now. The only thing you should feel is happiness, not fear" Niko said with a mild laugh.

"Don't laugh, I am serious. You are always joking" she said.

"Nothing to be angry about my love. I understand you".

"I hate you" she said, and punched him weakly on the shoulder.

"That reminds me, I have a surprise for you"

"What is it?" she asked.

"I will reveal it soon, but first you have to close your eyes"

Chapter 28
ABSTRACTS

Keywords: Idees, facon, effet, noms, systeme, jeux, orders, exemple, suite, movement, type, action, raisons, rapport, bruit, situation, problem, conseil, importance, ombre, public, sujet, interet, genre, images, avenir.

Her name	Son nom
This is an order	C'est un ordre
Are you a good example?	Êtes-vous un bon exemple?
That is my way of thinking	C'est ma façon de penser
The rest is interesting	La suite est intéressante
I have a good idea	J'ai une bonne idée
What are the effects?	Quels sont les effets?
She does not have any effect on me	Elle n'a aucun effet sur moi
But orders are orders	Mais les ordres sont les orders
The boy's names	Les noms des garçons
Do you have ideas to help me?	Avez-vous des idées pour m'aider?
It is a global system	C'est un système mondial
This movement is general	Ce movement est general
He is a man of action	C'est un homme d'action
I have my own reasons	J'ai mes propres raisons
I have the perfect role for you	J'ai le role ideal pour vous
It is a game	C'est un jeu

There exist several systems	Il existe plusieurs systems
Thirty movements	Trente mouvements
I think you are right	Je pense que vous avez raison
I do not like these situations	Je n'aime pas ces situations
What is his problem?	Quel est son problème?
The noise is loud	Le bruit est fort
Thank you for your advice	Merci pour ton conseil
This movement has some importance	Ce movement a de l'importance

TRAINING TIME

I like this type of coffee	J'aime ce type de café
What is the connection with me?	Quell, est le rapport avec moi?
He is in trouble	Il a des problemes
What is the situation?	Quelle est la situation?
The relations between the two countries are bad	Les rapports entre les deux pays sont mauvais
In short, not interested	Bref aucun interet
The truth?	La vérité?
It is open to the public	C'est ouvert au public
I saw the image	Je voyais l'image
It is not my type	Ce n'est pas mon genre
He is afraid of his shadow	Il a peur de son ombre
Her works on this topic are of primary importance	Ses travaux sur ce sujet sont de premiere importance
I was aware of this fact	J'étais au courant de ce fait
Thanks for your efforts	Merci pour tes efforts

Here is my return ticket	Voici mon billet de retour
He never pays attention	Il ne fait jamais attention
I trust the future	J'ai confiance en l'avenir
He is making progress in cooking	Il fait des progrès en cuisine
That newspaper explains the facts	Ce journal explique les faits
A little more effort	Encore un petit effort
The electric current	Le courant électrique
To your future	A vôtre avenir
They are members of the same group	Ils sont membres du même groupe
The spaces are large	Les espaces sont large

TRAINING TIME

Is it the right choice?	Est-ce le bon choix?
You learn from every experience	On apprend de toute experiences
I do not believe in luck	Je ne crois pas au hazard
These are good signs	Ce sont de bons signes
What is your level?	Que lest ton niveau?
It is a natural space	C'est un espace naturel
My father is a member of the association	Mon père est member del'association
A personal experience	Une expérience personelle
Your product is experiencing a great success	Vôtre produit connaît un grand succès
That disc is her creation	Ce disque est sa creation
You are used to it	Tu as l'habitude
He has no luck	Il n'a pas de chance

That cake has a strange shape	Ce gâteau a une forme bizarre
This dress is of good quality	Cette robe est de bonne qualité
These products are good	Ces produits sont bons
What a chance	Quelle chance
The wine is of good quality	Le vin est de bonne qualité
Good luck	Bonne chance
It is my sister's creation	C'est une produits de ma souer
The table has a nice form	La table a une jolie forme
You are used to it	Vous avez l'habitude
I need my coffee	J'ai besoin de mon café
There is only one way	Il n'ya qu'un seul moyen
On that occasion	A cette occasion

TRAINING TIME

Once or twice	Une fois ou deux fois
The results are there	Les résultats sont là
That is a simple rule	C'est une règle simple
My father wants to set his conditions	Mon père veut poser ses conditions
He has important needs	Il a des besoins importants
Success is the result of your efforts	Le succès est le résultat de tes efforts
If only you could follow the rules	Si seulement tu pouvais suivre les règles

PART B

It is my fault	C'est ma faute

The prison is under construction	La prison est en construction
I don't have a solution	Je n'ai pas de solution
She is a childhood friend	C'est une amie d'enfance
It is an easy victory	C'est une victoire facile
Such a phenomenon is very rare in the beginning of spring	Un tel phénomène est très rare en début de printemps
They took control of the city	Elles ont pris le contrôle de la ville
The victory is ours	La victoire est à nous
The beauty	La beauté
It is an act of courage	C'est un acte de courage
It is the right decision	C'est la bonne decision
That makes a huge difference	Ca fait une énorme difference
It is a big problem	C'est une grande difficulte
It is an immense project	C'est un immense projet
I do not like your actions	Tes actes ne me plaisent pas
These decisions are good	Ces décision sont bonnes
They have a lot of problems	Ils ont beaucoup de difficulties
Do you have projects for today?	As-tu des projets pour aujourd'hui?

TRAINING TIME

We have the same principles	Nous avons les mêmes principes
It is the only possibility	C'est la seule possibilité
It is a sad chapter	C'est un chapitre triste

Look at the proof in pictures	Regarde la prevue en images
His son is a genius	Son fils est un genie
What model is this car?	Quel est ce modèle de voiture?
This country is rich in resources	Ce pays est riche en ressources
That is your fate	C'est ton destin
The judge wants some evidence	Le juge veut des preuves
No, it is a question of principle	Non, c'est une question de principe
That watch is a new model	Cette montre est un nouveau modele
But they have no chance of winning	Mais ils n'ont pas de possibilities de gagner
A piece	Une part
History	L'histoire
Its use is simple	Son utilization est simple
It is a grand mission	C'est une grande mission
You need to look at the reality	Il te faut regarder la réalité
Each one has its own definition	Chacun a sa definition
What is the quantity?	Quelle est la quantité?
Your wife needs care now	Ta femme a besoin de soins maintenant
The game includes only four missions	Le jeu comprend seulement quatre missions
I prefer choosing a file with care	Je préfère choisir un dossier avec soin
Thanks for your explanation	Merci pour ton explication
He made a mistake	Il a fait une erreur
It is a detail	C'est un detail

TRAINING TIME

It is a Chinese tradition	C'est une tradition chinoise
It is his sector	C'est son secteur
Le danger	The danger
I do not know the details	Je ne connais pas les details
He is a history professor	Il est professeur d'histoire
Their explanations are not very clear	Leurs explications ne sont pas très claires
I like love stories	J'aime les histoires d'amour
Here is the code	Voici le code
We are eight in total	Nous sommes huit au total
She tells a lie	Elle dit un mensonge
I left part of the meal	J'ai laisse une partie du repas
Back to the future	Retour vers le future
It is an easy exercise	C'est un exercice facile
I have lost my strength	J'ai perdu ma force
Have the girls gone?	Les filles sont-elles parties?
I tried to open the door with all my might	J'ai essayé d'ouvrir la porte de toutes mes forces

STORY MODE

FRENCH

"Je suis déçu de tes actions Patrice, ce n'est pas la façon de faire les choses".

"Ce n'est pas le type de comportement que j'attends de vous. Vous devriez suivre l'exemple de vôtre frère Niko".

"Ce n'est pas de ma faute papa, le garçon a refusé de me laisser passer, sauf si je lui ai donné mon déjeuner".

ENGLISH

"I am disappointed in your actions Patrice, that is not the way to do things".

"That is not the type of behavior I expect fom you. You should follow your brother Niko's example".

"It is not my fault papa, the boy refused to let me pass, unless I gave him my lunch money"

Chapter 29

COMMUNICATION

Keywords: Allo, conversation, appels, message, rencontre, contact, question, numeros, opinion, imprimer, titre, appareil, voix, presse, arguments, secrets, silence, site, reponse, avis, renseignements, traduction, crier, embrasser, internet, medias, commentaires, article, langue, cris

He works for the press	Il travaille pour la presse
She speaks five languages	Elle parle cinq langues
I wrote two articles	J'ai écrit deux articles
I hear some screams	J'entends des cris
Do you hear voices	Entends-tu des voix
The conversation is ending	La conversation se termine
I am in communication with him	Je suis en communication avec lui
That article is interesting	Cet article est intéressant
The press	La presse
He put an end to the conversation	Il a mis fin à la conversation
I hear some screams	J'entends des cris
You have a call	Vous avez un appel
I have a message for you	J'ai un message pour vous
You are writing sentences	Vous écrivez des phrases
My uncle has a secret	Mon oncle a un secret
I am reading the news	Je lis les nouvelles
His argument was logical	Son argument était logique

This is an important piece of news	C'est une information importante
You have two messages	Tu as deux messages
That is not a sentence	Ce n'est pas une phrase
Here are the arguments	Voici les arguments
It is the beginning of a new career	C'est le début d'une nouvelle carrière
They did not have a response	Elles n'avaient pas de réponse
She like silence	Elle aime le silence
He liked my comment	Il a aimé mon commentaire

TRAINING TIME

He cut off contact with her	Il a coupé le contact avec elle
I want your opinion	Je veux ton avis
It is a meeting place	C'est un lieu de rencontre
That demand continues after Friday	Cette demande continue après fevrier
She gives good answers	Elle donne de bonnes réponses
My parents hear your comments	Mes parents entendent tes commentaires
I am in contact with her	Je suis en contact avec elle
I do not know the topic of discussion	Je ne connais pas le theme de la discussion
He is saying words	Il dit des mots
This debate is not interesting	Ce débat n'est pas intéressant
It is a good question	C'est une bonne question
He wants a piece of information	Il veut un renseignement

Your grandmother is reading a word	Vôtre grand-mère lit un mot
He replies only to questions	Il répond seulement aux questions
He gave you some information	Il vous a donné des renseignements
The debate is open	Le débat est ouvert
I am going to print your photos	Je vais imprimer tes photos
The translation is impossible	La traduction est impossible
Her book is a long interview	Son livre est un long entretien
Who do you want to kiss?	Qui veux-tu embrasser?
I cannot shout	Je ne peux pas crier
She is in the media	Elle est dans les medias
During the interview	Pendant l'entretien
The title is big	Le titre est gros
The translation is impossible	La traduction est impossible

TRAINING TIME

The internet	L'internet
Hello	Allo
The site	Le site
Did you find the number?	Vous avez trouvé le numéro?
The device is new	L'appareil est neuf
He is number one	Il est numéro un
He is number two or three	Il est numéro deux ou trois
I am looking for a site	Je cherche un site
He has a website	Il a un site internet
I do not have your number	Je n'ai pas vôtre numéro
Here is our website	Voici nôtre site internet

I have his number	J'ai son numéro
Have you found the number?	Vous avez trouvé le numéro
I am looking for a site	Je cherche un site
I do not have your number	Je n'ai pas ton numéro
I like the site	J'aime bien le site

STORY MODE

FRENCH

Miss Alessia: "J'ai pris des photos des chatons et je souhaite vôtre avis avant de les télécharger sur Internet. Celui-ci s'appelle Félix, et c'est une photo de nous qui partage un bisou. Le deuxième chat s'appelle Blue, et c'est une image de nous sur l'imprimerie".

Mr Laurent: "J'aime le second".

ENGLISH

Miss Alessia: "I took photos of the kittens and I want your opinion before I upload them to the internet. This one is called Felix, and this is a picture of us sharing a kiss. The second cat is called Blue, and this is a picture of us at the printing press".

Mr Laurent: "I like the second one".

Chapter 30

REFLEXIVES

Keywords: Souvenir, taire, reposer, laver, enfuir, se lever, marier, raser

It is hard to get up	Il est dur de se lever
My father must rest	Mon père doit se reposer
Why shave every morning?	Pourquoi se raser chaque matin?
She is going to wash up	Elle va se laver
They are going to get married next year	Ils vont se marier l'an prochain
He is too young to shave	Il est trop petit pour se raser
It is good to rest	Il est bon de se reposer
He is too young to get married	Il est trop jeune pour se marier
My brother does not want to get up	Mon frère ne veut pas se lever
I want to rest	Je veux me reposer
It is time to shave	C'es l'heure de se raser
They are going to be married next month	Ils vont se marier le mois prochain
He needed to rest	Il avait besoin de se reposer
I am going to run away	Je vais m'enfuir
Sometimes, it is necessary to be quiet	Parfois, il faut se taire
Is she going to remember me?	Elle va se souvenir de moi?
To speak or to be quiet?	Parler ou se taire
Does he want to run away?	Veut il s'enfuir?

I think he is going to remember	Je pense qu'il va se souvenir
It is necessary to remember that	Il faut se souvenir de ca
It is good to speak and better to be quiet	Il est bon de parler et meilleur de se taire
He manages to get away	Il arrivé à s'enfuir
That made him lose his memory, but he is going to remember	Ca lui a fait perdre la mémoire mais il va se souvenir
She was not able to remember my address	Elle ne pouvait pas se souvenir de mon adresse
She has not been able to remember my address	Elle n'a pas pu se souvenir de mon adresse

TRAINING TIME

STORY MODE

FRENCH

Étranger 1: "Vous rappelez-vous de vous crier pour vous lever? C'est la raison pourquoi. Vous l'avez permis de partir".

Antonio: "Mais nous avons passé la nuit entière à regarder la maison, j'ai vraiment besoin de me reposer".

ENGLISH

Stranger 1: "Do you recall me screaming at you to get up? This is the reason why. You've allowed him to get away"

Antonio: "But we have been up all night watching the house, I really needed to rest my eyes".

END OF BOOK ONE

For the complete experience, please get the second and third book in the series

#THESIMPLESTWAYTOLEARNFRENCH

For updates on the next book, or if you'd just like to discuss this one, please subscribe to the Youtube channel @SirraArris

We're also available on twitter as the @BadCreativ3, and on facebook www.facebook.com/BadCreativ3

OTHER BADCREATIVE BOOKS

Capitalist Modernization: The First World's Development Paradigm

Modernization, Dependency & The Third World's Underdevelopment

Thank you for reading, and we hope you'd be kind enough to drop us a review on our amazon page.

www.ingramcontent.com/pod-product-compliance
Lightning Source LLC
Chambersburg PA
CBHW072007110526
44592CB00012B/1233